निवेश के दस नियम

निवेश के दस नियम

निवेश के महानतम व्यक्तित्वों के मार्गदर्शक सिद्धांत

सैन इंग | टिम इंग | इया इंग

अनुवाद : डॉ. सुधीर दीक्षित

MANJUL

मंजुल पब्लिशिंग हाउस

MANJUL

मंजुल पब्लिशिंग हाउस

कॉरपोरेट एवं संपादकीय कार्यालय

• द्वितीय तल, उषा प्रीत कॉम्प्लेक्स, 42 मालवीय नगर, भोपाल-462 003

विक्रय एवं विपणन कार्यालय

• सी-16, सेक्टर 3, नोएडा, उत्तर प्रदेश, 201301

वेबसाइट : www.manjulindia.com

वितरण केन्द्र

अहमदाबाद, बेंगलुरू, कोच्चि, कोलकाता, चेन्नई,
हैदराबाद, मुम्बई, नई दिल्ली, पुणे

सैन इंग, टिम इंग और इया इंग द्वारा लिखित मूल अंग्रेजी पुस्तक
Ten Commandments of Investing
का हिन्दी अनुवाद

Ten Commandments of Investing by San Eng, Tim Eng, Oia Eng – Hindi Edition

Original English language edition published by
Morgan James Publishing.

यह हिन्दी संस्करण 2025 में पहली बार प्रकाशित

ISBN 978-93-5543-983-3

Cover design: Christopher Kirk
GFSStudio.com

अनुवाद : डॉ. सुधीर दीक्षित

मुद्रण व जिल्दसाज़ी : गोपसंस पेपर्स प्राइवेट लिमिटेड

अस्वीकरण

हालाँकि लेखकों ने लेखन प्रक्रिया के दौरान पाठकों को सटीक जानकारी देने का हर संभव प्रयास किया है, लेकिन ना तो प्रकाशक और ना ही लेखक प्रकाशन के बाद किसी भी त्रुटि या परिवर्तन के लिए कोई ज़िम्मेदारी लेते हैं। पुस्तक की सामग्री लेखकों की एकमात्र अभिव्यक्ति है, प्रकाशक की नहीं। किसी भी व्यक्ति, कंपनी या किसी संस्था ने इस पुस्तक में उल्लेख के लिए कोई मुआवज़ा नहीं दिया है। लेखक, अपने सर्वोत्तम ज्ञान और क्षमताओं के अनुसार, प्रदान की गई जानकारी और व्याख्या को सही और भरोसेमंद मानते हैं, लेकिन माना जाता है कि सटीकता और शुद्धता की किसी तरह से गारंटी नहीं है। इसके अलावा, लेखक प्रदान की गई जानकारी को अपडेट करने का कोई दायित्व नहीं मानते हैं। लेखक पंजीकृत वित्तीय सलाहकार नहीं हैं। लेखक किसी भी क्षमता से पेशेवर, क़ानूनी, वित्तीय या निवेश सलाह प्रदान नहीं कर रहे हैं। इस पुस्तक में केवल सूचनात्मक उद्देश्यों के लिए विशिष्ट कंपनी के नाम, परिसंपत्ति वर्ग और निवेश रणनीतियों का उल्लेख किया गया है, जिनमें से किसी को भी पाठकों के लिए सिफ़ारिश नहीं माना चाहिए। इस पुस्तक को पढ़ने से किसी को भी लेखकों और पाठकों के बीच कोई भरोसेमंद संबंध स्थापित नहीं होता है, और पाठकों को तमाम वित्तीय और निवेश निर्णयों के लिए हमेशा पंजीकृत वित्तीय सलाहकारों से पेशेवर सलाह लेनी चाहिए। लेखक किसी भी पक्ष के प्रति किसी भी प्रकार की हानि, क्षति या त्रुटि या चूक के कारण होने वाली किसी भी प्रकार की समस्या के लिए कोई दायित्व नहीं लेते हैं, चाहे ऐसी त्रुटि या चूक लापरवाही, दुर्घटना या किसी अन्य

कारण से हुई हो। पाठक सभी निवेश निर्णयों के संबंध में अपने स्वयं के विकल्पों, कार्यों और परिणामों के लिए ज़िम्मेदार हैं।

इस पुस्तक में प्रभावी कैनेडाई और अमेरिकी प्रतिभूति विधानों के अर्थ में भविष्य उन्मुख कथन शामिल हैं। भविष्य उन्मुख कथन और जानकारी में भी विषय की परिसंपत्ति की क़ीमतों, संभावित वित्तीय संकट, संभावित आर्थिक विस्तार और संकुचन, सार्वजनिक क़र्ज़ में वृद्धि या कमी की संभावना, वर्तमान और भविष्य की बाज़ार स्थितियों और दृष्टिकोणों का लाभ उठाने के लिए लेखकों के पोर्टफ़ोलियो की स्थिति, प्रतिस्पर्धी अनिश्चितताएँ और विभिन्न आकस्मिकताओं के बारे में कथन शामिल हैं, लेकिन इन्हीं तक सीमित नहीं हैं। भविष्य उन्मुख कथन लेखकों और प्रकाशक के नियंत्रण से बाहर विभिन्न ज्ञात और अज्ञात जोख़िमों, अनिश्चितताओं और यहाँ निधारित अन्य कारकों के बारे में मान्यताओं के आधार पर विकसित किए गए हैं। किसी भी भविष्य उन्मुख कथन की गारंटी नहीं दी जा सकती है, और वास्तविक भविष्य के परिणाम भौतिक रूप से भिन्न हो सकते हैं। तदनुसार, पाठकों के सामने पेश भविष्य उन्मुख कथनों पर भरोसा नहीं किया जाना चाहिए और सभी निवेश निर्णय करते समय उन्हें स्वयं उचित परिश्रम करना चाहिए।

अनुक्रम

आभार ix

परिचय xiii

नियम 1 : स्वयं को जानें 1

नियम 2 : अपने क्षेत्र के स्वामी बनें 13

नियम 3 : मार्केट साइकल का सम्मान करें 25

नियम 4 : मुर्दा मछली नहीं बनें 37

नियम 5 : धर्म की तलाश करें 49

नियम 6 : धैर्य रखें, साहसी बनें 63

नियम 7 : विजेताओं को मैराथन दौड़ाएँ 73

नियम 8 : विविधता लाएँ... लेकिन ज़्यादा भी नहीं 83

नियम 9 : पैसे नहीं गँवाएँ 91

नियम 10 : मन पर ध्यान दें 105

अभ्यास में दस नियम 113

कर्म का आह्वान 139

लेखकों के बारे में 141

आभार

हम सभी लेखक सैकड़ों परिवार के सदस्यों, दोस्तों, सहकर्मियों और निवेश जादूगरों के आभारी हैं, जिन्होंने इस पुस्तक में अपनी अंतर्दृष्टि, ज्ञान, अपने उदार समय, समर्थन और धैर्य का योगदान दिया। हमें यह पुस्तक लिखने में बहुत आनंद आया। ना सिर्फ़ हमने बहुत कुछ सीखा, बल्कि इस यात्रा में कई नए दोस्त भी बनाए और समझदार निवेशक भी बने।

सबसे पहले, हम सैन के माता-पिता - इया, टिम और क्लो के दादा-दादी को धन्यवाद देना चाहेंगे, जिन्होंने अपनी सभी संतानों में शिक्षा और जीवन भर सीखने के लिए सम्मान और प्रेम भरा। दोनों दादा-दादी 2020 की शुरुआत में कोविड-19 से संक्रमित हो गए और अफ़सोस की बात है कि उन्होंने दादी को हमसे छीन लिया। दादाजी ना केवल जीवित रहे, बल्कि अब अपने जीवन की सबसे अच्छी स्थिति में हैं। हमें दुख है कि हम यह पुस्तक उन दोनों के साथ साझा नहीं कर सकते, लेकिन हम जानते हैं कि उन्हें इस मील के पत्थर पर गर्व है, विशेष रूप से टिम और इया पर, जो इतनी कम उम्र में शोध करने और पुस्तक लिखने के लिए सह-नेतृत्व कर रहे हैं। इया की 15 वर्षीय बहन क्लो को विशेष धन्यवाद, जिसने विज़ाड्‌र्स लोगो, पुस्तक के कवर और इस पुस्तक में निवेश जादूगरों और लेखकों के सभी अद्‌भुत चित्र बनाए। अद्‌भुत पुस्तक ट्रेलर वीडियो बनाने के लिए इया की दूसरी बहन बेला को भी धन्यवाद।

जिन सैकड़ों निवेश जादूगरों पर हमने शोध किया, उनके साथ काम किया और उनका साक्षात्कार लिया, उनके ज्ञान के बिना यह पुस्तक संभव नहीं हो पाती। जिन जादूगरों से हम सीधे तौर पर नहीं मिले या बातचीत नहीं की, हम पुस्तकों और पॉडकास्ट के माध्यम से उनकी अंतर्दृष्टि और निवेश सलाह को उदारतापूर्वक बताने के लिए उन्हें धन्यवाद देते हैं। कैथी जू, विलियम बाओ बीन, जोएल फ़ॉकनर, जॉन रफ़ोलो, ईवा लाउ, डॉ. इवान फ्रेज़र, बॉबी ली जैसे कई जादूगरों के साथ हमने सीधे काम किया, ऐसा करने के विशेषाधिकार और उनकी शिक्षाओं के लिए हम उन्हें धन्यवाद देते हैं। कई अन्य जादूगरों ने विज़ार्ड्स लर्निंग सीरीज़ हेतु साक्षात्कार के लिए उदारतापूर्वक समय दिया – धन्यवाद, एल्विन वांग, एलेक्स लियू, पाउला मैडिसन, ब्रायन लियोनार्ड, विली स्मिथ, लोगन फ्रीमैन, विक्टर ली, डैन इवेस, कैओ डी एंड्रेड, काई वू, केन जी, पॉल मूर, जेम्स इंग, और कई अन्य जिन्हें हम प्रकाशन के समय के कारण सूचीबद्ध नहीं कर सकते। हम विज़ार्ड्स पॉडकास्ट, यूट्यूब चैनल और वेबसाइट पर उनकी अंतर्दृष्टि की सराहना करते हैं, जिससे हमने बहुत कुछ सीखा।

हमारे पास समर्पित प्रशिक्षुओं की एक छोटी टीम है, जिसने पुस्तक और विज़ार्ड्स वेबसाइट दोनों में मदद की है। आइरीन हंग ने विज़ार्ड्स साइट और सोशल मीडिया चैनलों को शुरू से ही छात्रों का संपन्न, जीवंत समुदाय बनाने के लिए अनगिनत घंटे बिताए, जो स्मार्ट निवेश और वित्तीय स्वतंत्रता के बारे में गंभीर हैं। कोल्टर शेली ने समुदाय के लिए गुणवत्तापूर्ण सामग्री तैयार करने और उसका बीजारोपण करने में मदद की।

हम लेखक डैन ब्राउन को धन्यवाद देना चाहते हैं, जिन्होंने इस पुस्तक की दिशा के संबंध में उदार सलाह और प्रोत्साहन दिया। हमारे प्रोजेक्ट में शुरुआती रुचि और विश्वास के लिए मॉर्गन जेम्स पब्लिशिंग के डेविड हैनकॉक और उनकी टीम को भी धन्यवाद।

अंतिम लेकिन महत्त्वपूर्ण बात, बहुत से मित्रों, पूर्व छात्रों और पारिवारिक मित्रों ने पांडुलिपि ड्राफ़्ट पढ़ने की उदार पेशकश की, जिससे पुस्तक को आकार देने के लिए बहुमूल्य प्रतिक्रिया मिली। इनमें पेन्सिल्वेनिया विश्वविद्यालय और व्हार्टन, कोलंबिया विश्वविद्यालय, एनवाईयू, शंघाई जियाओतोंग विश्वविद्यालय, सीईआईबीएस, फ़िलिप्स एक्सेटर अकादमी,

लूमिस चाफ़ी, ताइपे अमेरिकन स्कूल और अन्य के पूर्व छात्र मित्र शामिल हैं। हम सैन के एफ़एफ़ बिरादरी के कई बंधुओं को उनकी अंतर्दृष्टि बताने के लिए भी धन्यवाद देते हैं।

परिचय

टेन *कमांडमेंट्स ऑफ़ इनवेस्टिंग* निवेश के साथ एक दशक लंबे रोमांस का परिणाम है – लेखकों के लिए प्यार भरा श्रम। हमने हज़ारों पुस्तकों, पत्रिकाओं और शोध पत्रों सहित दुनिया के शीर्ष निवेशकों और 'निवेश जादूगरों' के रहस्यों पर शोध किया। हमने पूरे संसार के सैकड़ों प्रतिभाशाली मैक्रो विचारकों और जादूगरों का साक्षात्कार लिया। हमने अपनी पूँजी लगाकर इन निवेश रणनीतियों का अभ्यास किया, अपनी सीखने की यात्रा में कई दर्दनाक घाटे झेले, लेकिन हर साल अपनी रणनीतियों और रिटर्न में सुधार किया।

यह पुस्तक एक शोध के रूप में शुरू हुई, जिसे हमने द *इन्वेस्टर्स बाइबल* नामक एक अप्रकाशित पुस्तक में स्वयं के उपयोग के लिए संकलित किया है – 55 निवेश जादूगरों के ज्ञान का सारांश देने वाले 100 से अधिक पृष्ठ। जब हमने दोस्तों और परिवार को यह *बाइबल* बताई, तो अधिकांश को यह पुस्तक एक उपयोगी और संक्षिप्त संदर्भ स्रोत लगी, जो बताती है कि सर्वश्रेष्ठ निवेशकों के दिमाग़ में क्या चल रहा है। कई शुरुआती पाठक पेशेवर निवेशक थे, जिन्होंने व्यावहारिक प्रतिक्रिया दी और उन्होंने पढ़ने के लिए नई किताबों और शोध के लिए और अधिक जादूगरों का सुझाव दिया।

तीन महत्त्वपूर्ण खोजों के कारण इस पुस्तक टेन कमांडमेंट्स (या '*10 कमांडमेंट्स*') का निर्माण हुआ। सबसे पहले, हमने महसूस किया कि अपनी विविध पृष्ठभूमि, संपत्ति श्रेणी और भूगोल के बावजूद निवेश जादूगरों के निवेश सिद्धांतों और रणनीतियों में काफ़ी कुछ समानता है। दूसरी बात,

जादूगरों के जिस शुरुआती समूह का हमने अध्ययन किया, उसमें मुख्य रूप से वृद्ध, पश्चिमी श्वेत पुरुष शामिल थे – जो वर्तमान विविध वैश्विक निवेश प्रतिभा और बाज़ारों के प्रतिनिधि नहीं थे। तीसरी बात, जादूगर कभी-कभी अधूरी, पुरानी या विरोधाभासी सलाह देते थे। हम अपने गंभीर निवेशकों के समुदाय को सुसंगत, अमल योग्य सिद्धांतों के साथ एक शक्तिशाली लेकिन सरल और व्यावहारिक मार्गदर्शिका देना चाहते थे, जिसका वे पालन कर सकें और जिसे वैश्विक बाज़ारों, परिसंपत्ति श्रेणियों तथा रणनीतियों पर लागू किया जा सके।

इस गहन शोध से मार्गदर्शक सिद्धांतों का एक ठोस ख़ाका उभरने लगा। हमने जितने अधिक जादूगरों का अध्ययन किया, उतना ही अधिक हमने पाया कि उनके दर्शन और सिद्धांत काफ़ी समान हैं, जिन्होंने उनमें से प्रत्येक को सुपरस्टार बना दिया। सटीक होने के लिए हमने *निवेश के दस कमांडमेंट्स* की खोज की – दुनिया के महानतम निवेश जादूगरों द्वारा प्रयुक्त *10 मार्गदर्शक सिद्धांत। 10 कमांडमेंट्स* को मानव इतिहास के सर्वश्रेष्ठ निवेशक कई परिसंपत्ति श्रेणियों और निवेश रणनीतियों में, कई दशकों में कई भौगोलिक क्षेत्रों में लागू किया जाता है। हमारा मानना है कि पेशेवर और ग़ैर-पेशेवर दोनों प्रकार के निवेशकों को कालजयी 10 कमांडमेंट्स से लाभ होगा।

दुनिया और हमारी आजीविका पर कोविड-19 के लंबे समय तक बने रहने वाले प्रभाव को देखते हुए हमने पुस्तक में सुधार करने और इसे यथासंभव अधिक से अधिक लोगों तक पहुँचाने की तात्कालिकता महसूस की। इस प्रकार, हमने दुनिया भर के जादूगरों को शामिल करने के लिए अपने शोध को गहरा और तेज़ किया। हमने और अधिक महिला निवेशकों, अश्वेत निवेशकों और वैकल्पिक परिसंपत्ति श्रेणियों तथा रणनीतियों पर केंद्रित निवेशकों पर ध्यान केंद्रित किया। हमने जिन जादूगरों पर शोध किया, उनकी संख्या अब 100 के क़रीब है और बढ़ती जा रही है। हमने अपनी सीखों को प्रकाशित करने, जादूगरों के साथ अपने साक्षात्कार साझा करने और नेटवर्क बनाने तथा दुनिया भर के अन्य लोगों से सीखने के लिए एक वेब प्लेटफ़ॉर्म (https://wizards.institute) भी बनाया। हमारा लक्ष्य विज़ार्ड्स इंस्टीट्यूट को स्मार्ट निवेश के सिद्धांत सीखने के लिए नंबर 1

समुदाय बनाना है और इस पुस्तक के पाठकों तथा निवेश के गंभीर छात्रों के लिए एक सतत संसाधन बनाना है।

हम एक प्रतिष्ठित प्रकाशन गृह के साथ काम करके सम्मानित महसूस कर रहे हैं। इसमें कई पीढ़ियों का सम्मिलित प्रयास है - सैन (एक सेवानिवृत्त), टिम (एक युवा पेशेवर), और इया (एक छात्रा)। हमारा मानना है कि 10 कमांडमेंट्स सुलभ और व्यावहारिक होने के साथ-साथ महानतम जादूगरों के ज्ञान का सार हैं। पुस्तक के अंत में, लेखक बताते हैं कि कैसे वे विज़ार्ड्स इंस्टीट्यूट ऑनलाइन समुदाय में अधिक प्रकरणों और लाइव समर्थन के साथ 10 कमांडमेंट्स का उपयोग करके अपनी स्वयं की निवेश रणनीतियाँ और पोर्टफ़ोलियो बनाते हैं।

संकट के लिए प्रयुक्त चीनी वाक्यांश में दो शब्द 危机 शामिल हैं : *जोखिम* 危 और *अवसर* 机। हम भू-राजनीतिक, आर्थिक और स्वास्थ्य संकटों वाले अभूतपूर्व समय में रह रहे हैं - तीन विशाल और विघटनकारी ताक़तें जो हमारे जीने, सीखने, प्यार करने, यात्रा करने, खेलने और काम करने के तरीक़े को हमेशा के लिए बदल रही हैं। यह सचमुच ख़तरनाक समय है; लेकिन यह उथल-पुथल उन लोगों के सामने बड़े अवसर पेश करती है, जो तैयार हैं। *दस कमांडमेंट्स* - दुनिया के सर्वश्रेष्ठ निवेशकों के सामूहिक मार्गदर्शक सिद्धांत - से लैस निवेश-छात्र बुद्धिमानी से निवेश करने और लाभ कमाने के लिए तैयार होंगे।

आपका स्वागत है! निवेश जादूगर बनने की इस शानदार यात्रा में हमारे साथ शामिल होने के लिए धन्यवाद!

बाइबल के दस कमांडमेंट्स

मूल दस कमांडमेंट्स नैतिकता, आचार संहिता और पूजा से संबंधित बाइबल के सिद्धांत हैं। वे ईश्वर, परिवार, संपत्ति, क़ानून, नागरिक और समुदाय जैसे बुनियादी मामलों से संबंधित यहूदी धर्म तथा ईसाई धर्म की आधारशिला हैं, जिन्होंने अरबों लोगों के आचरण का मार्गदर्शन किया है।

बाइबल के दस कमांडमेंट्स निश्चित नियम या क़ानून नहीं हैं – वे तो सामान्य सिद्धांत हैं, जिनमें व्याख्या के लिए स्थान है। इस प्रकार, उन्हें बदलती परिस्थितियों में सार्वभौमिक रूप से लागू किया जाना चाहिए, जिसमें विवरण स्थिति के अनुसार हो। इसके अलावा, दस कमांडमेंट्स अपनी विशिष्ट संक्षिप्त शैली के साथ 'ईश्वर की अँगुली से लिखे गए हैं,' ताकि उन्हें एक ही पृष्ठ या पत्थर की शिला पर प्रदर्शित किया जा सके और अनुयायियों को आसानी से बताया जा सके। बाइबल के *दस कमांडमेंट्स* से

प्रेरित होकर हमने दुनिया के महानतम निवेश जादूगरों के सामूहिक ज्ञान से निवेश के दस कमांडमेंट्स तैयार किए।

निवेश के दस कमांडमेंट्स

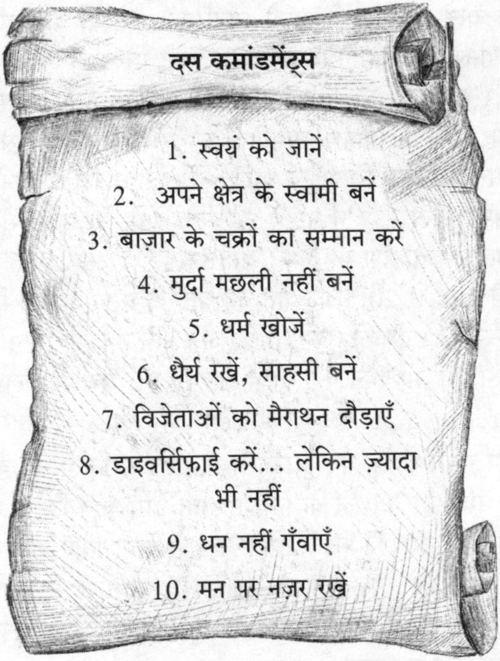

कोई एक निवेश 'भगवान' नहीं है – वास्तव में, हर उम्र और लिंग के कई निवेश जादूगर हैं, जो पूरे संसार में विभिन्न परिसंपत्ति श्रेणियों में विविध रणनीतियों के साथ सफलतापूर्वक निवेश कर रहे हैं। चाहे कोई भी जादूगर और रणनीति हो, हमने पाया है कि उनकी ज़बर्दस्त सफलता पीछे यही 10 कमांडमेंट्स मार्गदर्शक सिद्धांतों के रूप में काम करते हैं।

ये जादूगर कौन हैं? वे बर्कशायर हैथवे के वॉरेन बफ़ेट और चार्ली मंगर जैसे प्रसिद्ध नाम हैं। वे आज की कुछ सबसे लोकप्रिय निवेश रणनीतियों के संस्थापक हैं, जैसे जॉन बोगल जिन्होंने पैसिव इंडेक्स फ़ंड का नेतृत्व किया।

इनमें जॉर्ज सोरोस और पॉल ट्यूडर जोन्स जैसे शीर्ष हेज फ़ंड निवेशक शामिल हैं। वे सैम ज़ेल जैसे दुनिया के शीर्ष रियल एस्टेट निवेशक हैं।

हमने कैथी जू और झांग लेई जैसे दुनिया के सबसे सफल उद्यम पूँजीपतियों से भी सीखा। पेशेवर निवेशकों के अलावा हमने जेफ़ बेज़ोस और ईलोन मस्क जैसे कई प्रतिभाशाली उद्यमियों का भी अध्ययन किया, ताकि हमें पता चल सके कि वे अपने साहसिक उद्देश्यों के लिए खुद में और अपनी कंपनियों में कैसे निवेश करते हैं। हमने भारत के रिलायंस/जियो के अंबानी और हांगकांग के 'सुपरमैन' ली का शिंग जैसे उभरते बाज़ारों के अग्रदूतों का अध्ययन किया। सामूहिक रूप से, जिन 100 से अधिक जादूगरों का हमने अध्ययन किया, वे खरबों की संपत्ति का प्रबंधन करते हैं और प्रत्येक अपने खेल में शीर्ष पर है, ना सिर्फ़ एक-दो साल से, बल्कि दशकों से लगातार। उदाहरण के लिए, बर्कशायर हैथवे ने 1956 में बफ़ेट के अधिग्रहण के बाद से 20.5 प्रतिशत का वार्षिक रिटर्न अर्जित किया है; पॉल ट्यूडर जोन्स ने दो दशकों तक 26 प्रतिशत प्रति वर्ष का रिटर्न दिया है। जिन जादूगरों का हम अध्ययन कर रहे हैं, उनकी पूरी सूची के लिए कृपया https://wizards.institute से जुड़ें और हमारे न्यूज़लेटर की सदस्यता लें।

हम आशा करते हैं कि कई जादूगरों की मदद से लिखे गए हमारे *दस कमांडमेंट* सभी उम्र और कौशल के निवेश छात्रों द्वारा बड़ी निवेश सफलता के लिए बाइबल की तरह ही सार्वभौमिक रूप से लागू किए जा सकते हैं। निवेश के दस कमांडमेंट जान-बूझकर संक्षिप्त हैं, आसानी से समझी जाने वाली भाषा में लिखे गए हैं और नौसिखियों हेतु व्यावहारिक हैं, फिर भी ये विशेषज्ञों के लिए ज्ञान से भरपूर हैं। लेखक - सैन, टिम और इया - अपनी स्वयं की निवेश रणनीतियों और पोर्टफ़ोलियो को विकसित करने के लिए भी दस कमांडमेंट्स का पालन करते हैं, जिनमें से कई वास्तविक केस स्टडीज़ विज़ाड्र्स समुदाय की वेबसाइट पर दर्ज हैं। हमें आशा है कि दुनिया भर के हमारे पाठकों और निवेश छात्रों को 10 कमांडमेंट्स से लाभ होगा और इससे उन्हें स्मार्ट निवेशक बनने, वित्तीय स्वतंत्रता हासिल करने तथा शायद निवेश जादूगरों की श्रेणी में शामिल होने में मदद मिलेगी।

विश्व बैंक के अनुसार लगभग आधी दुनिया ग़रीबी में रहती है और अधिकांश लोग वित्तीय रूप से चुनौतीपूर्ण स्थिति में हैं, जिनके पास

बुनियादी वित्तीय ज्ञान और निवेश कौशल का अभाव है। 2013 में फ़ेडरल रिज़र्व (फ़ेड) के एक सर्वेक्षण में यह पाया गया कि 47 प्रतिशत वयस्कों को केवल अपनी बचत के आधार पर आपातकालीन निधि में 400 डॉलर जुटाने में परेशानी होती है। हम इसे रोज़ाना सुर्खियों में देखते हैं, क्योंकि कोविड-19 ने लगातार हमारे संसार को तबाह किया। सरकारी सहायता के बिना बहुत से परिवार भोजन, दवाओं या किराये का भुगतान नहीं कर सके। हमारी पुस्तक और इसकी सहयोगी वेबसाइट https://wizards.institute/ हमारे छात्रों के समुदाय के लिए स्मार्ट निवेश और वित्तीय स्वतंत्रता की सर्वोत्तम प्रथाओं से संबंधित उच्चतम गुणवत्ता वाली सामग्री बताती है। हम आशा करते हैं कि निवेश के *दस कमांडमेंट्स* के अभ्यास के माध्यम से लाखों लोगों का जीवन बेहतर हो सकता है।

10 कमांडमेंट्स का उपयोग कैसे करें

बिना व्यवसाय या निवेश पृष्ठभूमि वाले पाठकों के लिए निवेश करने का विचार ही चुनौतीपूर्ण हो सकता है, दुनिया के महानतम निवेश जादूगरों से सीखने और उनके नक़्शेक़दम पर चलने की बात तो रहने ही दें। चिंता नहीं करें। हमने सैकड़ों निवेश पुस्तकों और हज़ारों निवेश शोधपत्रों व लेखों को पचाने के लिए कड़ी मेहनत की है। हमने इन जादूगरों का साक्षात्कार लिया है, यहाँ तक कि उनके साथ निवेश भी किया है। इस प्रकार, हमारा मानना है कि यह सामग्री नौसिखियों और अनुभवी निवेशकों के लिए समान रूप से सार्थक होगी। जैसा कहा गया है, हमने प्रत्येक कमांडमेंट और अवधारणा को पर्याप्त कहानियों, उपाख्यानों और केस स्टडी के साथ सरल भाषा में समझाने का प्रयत्न किया है, ताकि एक किशोर भी, बशर्ते वह निवेश का एक गंभीर छात्र हो, पुस्तक को आसानी से समझ सके और इसका आनंद ले सके। कोई भी निवेशक, चाहे वह शुरुआती हो या पेशेवर, 10 कमांडमेंट्स का पालन करने में सक्षम होगा और जादूगरों के सामूहिक ज्ञान से लाभ उठा सकता है।

10 कमांडमेंट्स को मोटे तौर पर तीन खंडों में व्यवस्थित किया जा सकता है :

1. ***खंड 1 – खोजोगे, तो पाओगे :*** कमांडमेंट्स 1–2 पाठकों को दीर्घकालिक निवेश रणनीति के बारे में सोचने और इसे तैयार करने में मदद करते हैं – एक ऐसी रणनीति, जो व्यक्तिगत लक्ष्यों व विशेषज्ञता के अनुकूल हो और महान निवेशक बनने के लिए बुनियादी आदतें डाले;
2. ***खंड 2 – धर्म की खोज :*** कमांडमेंट्स 3–6 पाठकों को बाज़ार चक्रों और भावनाओं को समझने में मदद करती है और अपने निवेश में दृढ़ विश्वास (धर्म) खोजने के लिए उचित निवेश अनुसंधान और परिश्रम करते हैं;
3. ***खंड 3 – निष्ठावान और अनुशासित होना :*** कमांडमेंट्स 7–10 पाठकों को निवेश जादूगरों की तरह कई वर्षों तक लगातार अधिकतम रिटर्न प्राप्त करते हुए जोख़िमों को कम करने के लिए अपने पोर्टफ़ोलियो के उचित प्रबंधन में मदद करते हैं।

हम इस पुस्तक और 10 कमांडमेंट्स का उपयोग करने के लिए तीन-चरणीय दृष्टिकोण का सुझाव देते हैं :

1. ***किताब पढ़ें और 10 कमांडमेंट्स सीखें।*** बाइबल के दस कमांडमेंट्स की तरह हमने निवेश के 10 कमांडमेंट्स भी संक्षिप्त, समझने में आसान शैली में लिखे हैं। हम मुख्य बिंदुओं को स्पष्ट करने के लिए पर्याप्त कहानियाँ और चित्र प्रदान करते हैं।
2. ***गहराई तक जाएँ; विज़ार्ड्र्स इंस्टीट्यूट समुदाय में शामिल हों।*** हमने निवेश के दस कमांडमेंट्स से सभी जादूगर सारांश ऑनलाइन उपलब्ध कराए हैं, इसलिए यदि आप रे डेलियो या कैथी जू को ज़्यादा अच्छी तरह समझना चाहते हैं, तो आपको प्रत्येक जादूगर से सारांश, साक्षात्कार, पॉडकास्ट और चर्चाएँ मिलेंगी। आप चर्चा में शामिल होने के लिए अन्य छात्रों, लेखकों और यहाँ तक कि जादूगरों के लिए प्रश्न पोस्ट कर सकते हैं।
3. ***सबसे बढ़कर, तुरंत कर्म करें।*** कार्रवाई करें – 10 कमांडमेंट्स का पालन करें। प्रत्येक कमांडमेंट एक अकेला सिद्धांत है,

> लेकिन जब इन सभी को एक साथ मिला दिया जाता है, तो हम निवेश में महारत हासिल कर सकते हैं, बस एक क़दम उठाने की देर है।

अब बिना किसी देरी के आइए 10 कमांडमेंट्स की यात्रा शुरू करते हैं।

नियम 1:

स्वयं को जानें

हर कोई एक निवेशक है

आप एक निवेशक हैं, चाहे आप यह सच्चाई जानते हों या ना जानते हों। यह बात आपको स्कूल में किसी ने नहीं बताई थी। हो सकता है, आपके पास निवेश अकाउंट भी ना हो। लेकिन हमारी बात पर यक़ीन करें : हर इंसान निवेशक होता है। और इसीलिए यह पुस्तक *आपके* लिए महत्त्वपूर्ण है।

हो सकता है कि किसी युवा किशोरी के पास खुद की निवेश पूँजी ना हो, लेकिन वह अपने समय का निवेश कैसे करती है – सीखने के लिए या खेलने के लिए – और क़रीबी दोस्तों का कैसा समूह बनाती है, उसी से यह तय होता है कि वह भविष्य में किस तरह की इंसान बनेगी। इससे कोई फ़र्क़ नहीं पड़ता कि किसी के पास कितने पैसे हैं, वयस्क भी हर दिन निवेश संबंधी निर्णय लेते हैं, जब वे अपनी कड़ी मेहनत से अर्जित आय का निवेश करने का विकल्प चुनते हैं – नक़दी में, मनोरंजन में, मॉर्टगेज में, अपनी शिक्षा में, स्टॉक मार्केट में, किसी व्यवसाय में या रिटायरमेंट अकाउंट में।

ब्याज दरों और मौद्रिक नीतियों के माध्यम से आर्थिक विकास पर नियंत्रण करने वाले केंद्रीय बैंक अमेरिकी फ़ेडरल रिज़र्व ने 2 प्रतिशत वार्षिक मुद्रास्फीति दर का लक्ष्य तय किया है। इसका मतलब है कि यदि आपने

आज 100 डॉलर कमाए और उन्हें अपने गद्दे के नीचे दबाकर रख दिया, तो उसी 100 डॉलर के नोट का मूल्य एक साल बाद दो डॉलर कम हो जाएगा। पाँच साल बाद आज के मूल्य के अनुसार इसका मूल्य लगभग 90 डॉलर ही बचेगा। नक़दी बचाकर आपने निर्णय लिया है कि आपको नकारात्मक 2 प्रतिशत वार्षिक रिटर्न से कोई आपत्ति नहीं है।

अमेरिकी ट्रेज़री बांड एक 'जोख़िम-मुक्त' निवेश है, क्योंकि अमेरिकी सरकार अपने ऋण पर डिफ़ॉल्ट नहीं करेगी और इससे आपको सालाना 2 प्रतिशत का ब्याज मिलेगा। आदर्श रूप से, ट्रेज़री बांड मुद्रास्फीति दर से मेल खाएँगे, इसलिए आपके पास 2 प्रतिशत का सांकेतिक रिटर्न (और 0 प्रतिशत का वास्तविक रिटर्न) होगा। स्टॉक और रियल एस्टेट जैसे जोख़िम भरे निवेश कभी-कभी बांड की स्थिरता के मुक़ाबले कम रिटर्न दे सकते हैं, लेकिन अगर बाज़ार की वृद्धि स्वस्थ है और आप चतुराई से निवेश करते हैं, तो लंबी अवधि में अधिक आकर्षक रिटर्न मिल सकते हैं।

पैसे से आप ख़ुशियाँ ख़रीद *सकते* हैं। ट्वेंज और कूपर ने 1972 से 2016 तक 44,198 वयस्कों पर शोध किया। इस शोध के अनुसार 30 वर्ष या उससे अधिक उम्र के लोगों में आय और ख़ुशी के बीच सह-संबंध लगातार बढ़ा है। बिना कॉलेज की डिग्री वाले लोगों की ख़ुशी में गिरावट आई, जबकि उच्च शिक्षा और आय वाले लोग लगातार ख़ुश बने रहे। नोबेल अर्थशास्त्री काह्नमैन के एक अन्य अध्ययन से संकेत मिलता है कि किसी व्यक्ति का भावनात्मक स्वास्थ्य तब तक बढ़ता है, जब तक कि उसकी आय एक निश्चित जादुई संख्या तक नहीं पहुँच जाती - 2010 में 75,000 डॉलर (मुद्रास्फीति की वजह से आज राशि इससे अधिक होगी)। 2017 में 10 से भी कम देशों में प्रति व्यक्ति सकल घरेलू उत्पाद यानी जीडीपी इस सीमा से ऊपर है, यह देखते हुए हम यह कह सकते हैं कि इस दुनिया के ज़्यादातर लोगों को बेहतर वित्तीय साक्षरता की ज़रूरत है। हमें उम्मीद है कि यह पुस्तक स्मार्ट निवेश सिद्धांत सिखाकर जीवन और ख़ुशी के मानदंडों में सुधार करेगी और उस लक्ष्य को आगे बढ़ाएगी।

देखिए, अगर हम हमेशा निवेश कर रहे हैं, तो इसमें महारथी क्यों न बनें? जब नक़दी पर 2 प्रतिशत का नकारात्मक रिटर्न मिल रहा हो और संपत्तियों में निवेश करने पर कम से कम 2 प्रतिशत दीर्घकालिक रिटर्न मिल

रहा हो, तो ऐसा कौन होगा, जो इन विकल्पों को देखते हुए निवेश ना करने का फ़ैसला करेगा?

काम नहीं करें, नृत्य करें

निवेश करना पहली बार में चुनौती जैसा लग सकता है। वित्तीय शब्दावली, अनिश्चितता और उतार-चढ़ाव की वजह से यह एक ऐसा कैसीनो लग सकता है, जिसे हराना असंभव है। हालाँकि हर जगह ऐसे जादूगर हैं, जिन्होंने निवेश के गुर सीखे और बाज़ार में लगातार अच्छा प्रदर्शन करने की सफल प्रणालियाँ विकसित कीं। जिस तरह पेशेवर खिलाड़ी अपने खेल से प्यार करते हैं और कट्टर संगीतकार अपने वाद्ययंत्रों के बिना नहीं रह सकते, उसी तरह महान निवेशक भी निवेश के प्रति उतने ही जुनून और उत्साह से भरे होते हैं। ज़्यादातर मामलों में, उनका जुनून इतना ज़्यादा होता है कि वे अपना दर्शन दुनिया को भी बता देते हैं।

वारेन बफ़ेट

ऐसा हो ही नहीं सकता कि आप निवेश की बात करें और वॉरेन बफ़ेट का ज़िक्र ना हो। 77 अरब डॉलर की कुल संपत्ति के साथ बफ़ेट शायद दुनिया के सबसे प्रसिद्ध अरबपति कंजूस भी हैं – वे मैकडॉनल्ड्स से नाश्ते के वही तीन आइटम ऑर्डर करते हैं (कभी भी 3.17 डॉलर से अधिक ख़र्च नहीं करते), 2014 की कैडिलैक एक्सटीएस चलाते हैं और उसी घर में रहते हैं जिसे उन्होंने 1958 में ख़रीदा था। उन्होंने अपनी संपत्ति का 99 प्रतिशत धर्मार्थ कार्यों में ख़र्च करने के लिए दानदाता शपथ पर भी हस्ताक्षर किए। इससे आप समझ सकते हैं कि 90 साल की उम्र में, जो बर्कशायर हैथवे चलाने का उनका 56वाँ साल है, बफ़ेट सिर्फ़ अधिक पैसा कमाने के लिए निवेश की दुनिया में काम नहीं कर रहे हैं।

बफ़ेट को अपना काम बहुत पसंद है और वे अन्य लोगों को 'नाचते हुए काम पर जाने' के लिए प्रोत्साहित करते हैं। दरअसल उन्होंने 11 साल की उम्र में निवेश करना शुरू कर दिया था और आज भी यही कर रहे हैं! ओमाहा, नेब्रास्का वैसे तो बहुत छोटा शहर है, लेकिन हर साल 40,000 लोग बफ़ेट और उनके साथी चार्ली मंगर की बातें सुनने के लिए ख़ुशी-ख़ुशी वहाँ आते हैं, जब वे अपने कालातीत ज्ञान से लोगों को लाभान्वित करते हैं। जब काम आपका जुनून होता है, तो आप उससे प्यार करते हैं। फिर यह काम नहीं रह जाता; यह तो आनंद बन जाता है।

बफ़ेट अकेले ही ऐसा नहीं करते। माइकल स्टीनहार्ट, जिन्होंने 1967 और 1978 के बीच 24.5 प्रतिशत का वार्षिक रिटर्न हासिल किया था, सलाह देते हैं कि 'हमेशा कुछ ऐसा करके जीविका कमाएँ, जिसमें आपको आनंद आए : दीर्घकालीन सफलता के लिए अपनी पूरी गहनता समर्पित करें।' कैथी ज़ू को 'चीन में वेंचर कैपिटल की महारानी' कहा जाता है और वे सबसे तेज़ी से बढ़ती कंपनियों का निर्माण करने वाले निवेशकों की वैश्विक 2020 फ़ोर्ब्स मिडास सूची में नंबर दो महिला हैं। उन्होंने हमें बताया कि वे वर्तमान में जो कर रही हैं, उसके अलावा कुछ भी करने की कल्पना नहीं कर सकतीं। निवेशक के रूप में ज़ू को कंपनियों के दूरदर्शी संस्थापकों के साथ व्यवसाय बढ़ाना पसंद है; वे ऐसा कुछ क्यों छोड़ेंगी, जिससे वे इतना प्रेम करती हैं?

मशहूर निकोलस केज और माइक टाइसन – और माइकल जैक्सन, जब वे जीवित थे – वह करने के लिए 'नृत्य' करते थे, जिसके लिए

वे प्रसिद्ध हैं। उनमें कई बातें समान हैं, लेकिन उनमें से एक आपको आश्चर्यचकित कर सकती है – प्रसिद्ध और धनवान बनने के बाद उन सभी ने दिवालियापन के लिए आवेदन किया। वास्तव में, 60 प्रतिशत एनबीए खिलाड़ी रिटायरमेंट के पाँच साल के भीतर दिवालिया हो जाते हैं और लगभग 78 प्रतिशत एनएफ़एल खिलाड़ी या तो दिवालिया हो जाते हैं या रिटायरमेंट के दो साल बाद वित्तीय तनाव का अनुभव करते हैं। ये लोग जीविका के लिए जो करते हैं, उसमें विश्वस्तरीय होते हैं और वे अपना अधिकांश समय अपनी कला को आदर्श बनाने में लगाते हैं। लेकिन जब वित्त प्रबंधन की बात आती है तो वे वही समर्पण दिखाने में विफल रहते हैं।

हममें से सबसे धनी लोग भी दिवालिया हो सकते हैं। 65 वर्ष की उम्र तक आप दूसरों पर बोझ डाले बिना अपना जीवन-यापन करने के लिए अपने रिटायरमेंट अकाउंट में पर्याप्त राशि रखना चाहते हैं। काम पर जाते समय नृत्य करें; यदि आप अपने वित्तीय भविष्य की योजना बनाते समय यह रवैया अपनाते हैं तो आपका भविष्य आपके प्रति बेहद आभारी होगा। इतने महत्त्वपूर्ण लक्ष्य के लिए हर किसी को कम से कम कुछ समय यह परिभाषित करने में लगाना चाहिए कि वे वहाँ कैसे पहुँचना चाहते हैं।

वॉरेन बफ़ेट के ये छह उद्धरण हमें ख़ास पसंद हैं

---

1. ***कमाई पर :*** 'कभी भी एक अकेली आय पर निर्भर ना रहें। दूसरा स्रोत बनाने के लिए निवेश करें।'
2. ***ख़र्च पर :*** 'यदि आप ऐसी चीज़ें ख़रीदते हैं जिनकी आपको ज़रूरत नहीं है, तो जल्द ही आपको ऐसी चीज़ें बेचनी पड़ेंगी, जिनकी आपको ज़रूरत है।'
3. ***बचत पर :*** 'ख़र्च करने के बाद जो बचता है उसे ना बचाएँ। इसके बजाय, बचत के बाद जो बचता है उसे ख़र्च करें।'
4. ***जोख़िम लेने पर :*** 'कभी भी दोनों पैरों से नदी की गहराई की जाँच ना करें।'
5. ***निवेश पर :*** 'अपने सभी अंडे एक ही टोकरी में ना रखें।'
6. ***अपेक्षाओं पर :*** 'ईमानदारी बहुत महँगा उपहार है। सस्ते लोगों से इसकी उम्मीद ना करें।'

दुनिया क्रूर है

100 अरब डॉलर से अधिक एयूएम वाले ब्रिटिश निवेशक जेरेमी ग्रांथम का दावा है कि व्यक्तिगत निवेशकों के पास पेशेवरों की तुलना में दो मुख्य लाभ होते हैं : 'पेशेवरों के लिए सबसे बड़ी समस्या करियर और व्यावसायिक जोख़िमों से निबटना है : एक एजेंट के रूप में अपनी नौकरी की रक्षा करना। पेशेवरों का दूसरा अभिशाप व्यस्त दिखने की आवश्यकता के कारण होने वाला अति-प्रबंधन है।'

पेशेवरों के विपरीत, व्यक्तियों को यह ख़तरा नहीं रहता कि एक तिमाही के ख़राब प्रदर्शन के कारण निवेशक अपना पैसा निकाल लेंगे (और संभवत: उनकी नौकरी चली जाएगी)। अगर आपको बाज़ार में कोई अच्छे अवसर नहीं मिलते हैं, तो कुछ ना करने के लिए कोई भी आपकी आलोचना नहीं करेगा। सही अवसरों की धैर्यपूर्वक प्रतीक्षा करने और दूसरों की गतिविधियों पर ध्यान नहीं देने से व्यक्तिगत निवेशक बेहतर प्रदर्शन करेंगे।

जेरेमी ग्रांथम

दुनिया में मौजूद प्रतिस्पर्धा का एक उपयोगी चित्रण 'द गुड पिग' की कहानी में पाया जा सकता है :

'तो मैं आयरलैंड गया और मेरी कार ख़राब हो गई। सौभाग्य से एक किसान पास में था, जिसने मुझे डिनर के लिए आमंत्रित किया, जब मैं एक मैकेनिक की प्रतीक्षा कर रहा था। परिसर में घूमते हुए मैंने केवल तीन पैरों वाला एक सुअर देखा। आश्चर्यचकित होकर मैंने उससे पूछा, 'माफ़ करें, आपके सुअर के केवल तीन पैर ही क्यों हैं?'

इस पर किसान ने कहा, 'ओह, ठीक है, देखो, इस सुअर का नाम पैडी है और मैं तुम्हें इसके बारे में एक कहानी बताता हूँ। एक दिन मैं अपने ट्रैक्टर पर बाहर था, तभी कुछ गड़बड़ हो गई और ट्रैक्टर ग़लती से पलट गया। मैं कुचल जाता और मर जाता, लेकिन पैडी वहाँ दौड़कर आया और मुझे खींचकर बाहर निकाल लाया। उसने उस दिन मेरी जान बचाई, सचमुच बचाई।'

इस पर मैंने कहा, 'वाह! वह आश्चर्यजनक है! तो आपको बचाते समय इसका एक पैर चला गया?'

मेरी बात सुनकर किसान ने कहा, 'नहीं, लेकिन मैं आपको एक कहानी सुनाता हूँ। मेरा बेटा तालाब में मछली पकड़ रहा था, अचानक वह तालाब में गिर गया और किसी तरह उसका पैर तालाब में उगे झाड़-झंखाड़ में फँस गया। यदि पैडी बाहर नहीं भागता और उसे तालाब से बाहर नहीं खींचता और थूथन से मुँह में साँस भरकर पुनर्जीवन नहीं देता, तो वह डूबकर मर गया होता। उसने उस दिन उसकी जान बचाई, सचमुच बचाई!'

इस पर मैंने कहा, 'अविश्वसनीय! तो इसीलिए उसके केवल तीन पैर हैं?'

लेकिन किसान ने कहा, 'नहीं। मैं आपको एक और कहानी सुनाता हूँ। मेरी बेटी कुएँ से पानी निकाल रही थी। अचानक वह कुएँ में गिर पड़ी! और वह चिल्लाती रही, चिल्लाती

रही, लेकिन किसी को उसकी आवाज़ सुनाई नहीं दी। वह मर गई होती, यदि पैडी बाहर नहीं भागता और उसे नहीं बचाता। उसने उस दिन उसकी जान बचाई, सचमुच बचाई।'

'अविश्वसनीय! लेकिन उसके केवल तीन पैर ही क्यों हैं?'

यह सुनकर किसान बोला, 'देखिए, आप इतने ख़ास सुअर को एक ही बार में नहीं खाएँगे, है ना?'

इस कहानी का क्या मतलब है? निवेश की दुनिया क्रूर और निर्मम हो सकती है : यह 'मारो और खाओ' वाली दुनिया है और इसमें ज़्यादातर लोग अपने ख़ुद के हित में काम करते हैं। यह आइवी लीग डिग्री और विशाल कार्यालयों में नामी उपाधियों वाले 'पेशेवर' सलाहकारों पर लागू होता है और उन मेज़बानों पर भी लागू होता है, जिन्हें आप सीएनबीसी और ब्लूमबर्ग पर देखते हैं।

आपके सर्वोत्तम हित केवल आपके ही हृदय में होते हैं। मान लीजिए कि आप अपना पैसा एक पेशेवर हेज फ़ंड मैनेजर को सौंपते हैं। इससे पहले कि वे आपकी ख़ातिर पैसे कमाएँ, वे प्रबंधन शुल्क के रूप में आपके निवेश में 2 प्रतिशत की कटौती करेंगे – साथ ही 20 प्रतिशत प्रदर्शन फ़ीस या मुनाफ़ा भी लेंगे। इस प्रकार की फ़ीस को उचित ठहराने के लिए अच्छे रिटर्न की आवश्यकता होती है! यद्यपि किसी प्रबंधक का हित आपके हित के साथ मेल खा सकता है, लेकिन प्रदर्शन शुल्क पेशेवरों को मुनाफ़े में अपना हिस्सा बढ़ाने के लिए बड़े जोख़िम लेने के लिए भी प्रोत्साहित कर सकता है।

इसी तरह, आपको 'नवीनतम और सबसे आकर्षक' निवेश युक्तियाँ देने वाला ब्रोकरेज हाउस सर्वोत्तम निवेश निर्णय लेने में आपकी मदद नहीं करता है। वे आपको हॉट टिप्स बेचते हैं, क्योंकि वे कमीशन पर पैसा कमाते हैं; हर बार जब आप व्यापार करते हैं, तो उनकी थोड़ी कमाई होती है। आप जितनी ज़्यादा ट्रेडिंग करते हैं, वे उतना ही ज़्यादा कमाते हैं। उनके इरादे चाहे कितने भी अच्छे हों, आप शर्त लगा सकते हैं कि वित्तीय सलाहकार उनके ख़ुद के हितों को आपके हितों से ऊपर रखेंगे।

इसलिए दुनिया के बारे में अधिक आलोचनात्मक दृष्टिकोण रखें। आप कैसे निवेश कर रहे हैं (कौन सी संपत्ति, भूगोल, या रणनीति), उसकी जानकारी रखकर अपनी सुरक्षा करें, भले ही कोई पेशेवर आपको सलाह दे रहा हो। अगले उप-अध्याय में हम आपके लिए ऐसी निवेश रणनीति खोजने का तरीक़ा बताएँगे, जिसके केंद्र में आपका अपना हित हो।

निवेश करना व्यक्तिगत है

प्रत्येक निवेशक के पास अनूठे उद्‌देश्य, जुनून, प्रतिभा, संसाधन और जोख़िम सहनशीलता होती है - इसलिए कोई 'एक आकार सभी के लिए फ़िट होगा' वाली रणनीति कारगर नहीं हो सकती। वैल्यू इन्वेस्टिंग के जनक और वॉरेन बफ़ेट के गुरु बेंजामिन ग्राहम ने सिखाया है कि निवेश में एक बेहद महत्त्वपूर्ण सिद्धांत यह जानना है कि आप किस तरह के निवेशक हैं।

बेंजामिन ग्राहम

ग्राहम सबसे पहले तो यह पूछेंगे कि आप 'निष्क्रिय हैं या सक्रिय।' सक्रिय निवेशक गुणवत्तापूर्ण, व्यापक और व्यावहारिक शोध करके बेहतर निवेशक बनने के लिए समय व ऊर्जा लगाते हैं और उम्मीद करते हैं कि उनकी अच्छी तथा कड़ी मेहनत अच्छा मुनाफ़ा देगी। यदि यह आपके वश की बात नहीं है, तो आप निष्क्रिय नीति अपनाकर अपनी मेहनत और समय दोनों ही बचा सकते हैं।

निष्क्रिय निवेश में इंडेक्स फ़ंड ख़रीदना शामिल है, जो पूरे बाज़ार के प्रदर्शन की नक़ल करने के लिए कंपनियों के एक ख़ास समूह को ख़रीदता है। निष्क्रिय निवेश करके आप बाज़ार को नहीं हरा सकते, लेकिन आपका प्रदर्शन कमतर भी नहीं होगा। आपका रिटर्न बस बाज़ार से मेल खाएगा, जो वास्तविक अर्थव्यवस्था के साथ-साथ लंबे समय में बढ़ेगा। यह पुस्तक वैसे तो दोनों पर बात करती है, लेकिन इसमें सक्रिय निवेश पर अधिक ध्यान दिया गया है।

इसके बाद ग्राहम पूछेंगे कि क्या आप 'निवेशक' हैं या 'स्पेकुलेटर' (ट्रेडर) हैं। निवेशक किसी शेयर को व्यवसाय के हिस्से के रूप में देखता है और खुद को व्यवसाय के मालिक के रूप में देखता है, जबकि ट्रेडर खुद को काग़ज़ के महँगे टुकड़ों के साथ खेलते हुए देखता है जिनका कोई आंतरिक मूल्य नहीं है। ट्रेडर के लिए मूल्य केवल इस बात से निर्धारित होता है कि कोई शेयरों के लिए कितना भुगतान करेगा। महत्त्वपूर्ण बात यह जानना है कि आप किसमें निवेश कर रहे हैं; अन्यथा आप किसी जुआरी से भिन्न नहीं हैं और अपना दाँव पूरी तरह से भाग्य के भरोसे छोड़ रहे हैं।

इस पुस्तक में, 'निवेश' का अर्थ लंबी अवधि की पोज़ीशन्स है जो फ़ंडामेंटल एनालिसिस, कंपनी के वित्तीय विवरणों की सावधानीपूर्वक जाँच और विकास की संभावनाओं के माध्यम से तय और प्रबंधित की जाती हैं। हालाँकि फ़ंडामेंटल निवेश के इस दायरे में इतनी ज़्यादा निवेश रणनीतियाँ मौजूद हैं, जितने कि अनूठे फ़िंगरप्रिंट मौजूद हैं। निवेश करना बेहद व्यक्तिगत है, और प्रत्येक निवेशक को अपनी रणनीति विकसित करने के लिए इन आठ प्रश्नों का समाधान करना चाहिए :

1. ***उद्‌देश्य :*** आपके लक्ष्य क्या हैं? क्या आप युवा हैं और पूँजी बढ़ाने के लिए अधिक जोखिम उठा सकते हैं, या फिर आप ब्याज व डिविडेंड से अधिक स्थिर आय की उम्मीद कर रहे हैं?
2. ***रुचियाँ :*** क्या आपकी रुचि सीखने में है? निवेशक आम तौर पर उन क्षेत्रों पर ध्यान केंद्रित करके सबसे अधिक पैसा कमाते हैं, जिन्हें वे समझते हैं और आदर्श रूप से जिनके वे विशेषज्ञ होते हैं।
3. ***शैली :*** आप कितने सक्रिय रहना चाहते हैं? सक्रिय रहने में अधिक समय और मेहनत की आवश्यकता होती है। यदि आप निष्क्रिय हैं, तब भी आपको निवेश करने वाले प्रबंधक या फ़ंड की गुणवत्ता सुनिश्चित करने के लिए अनुसंधान करने की आवश्यकता है।
4. ***कौशल :*** आपके पास कौन से कौशल हैं? क्या आपकी पृष्ठभूमि लेखांकन, चिकित्सा, प्रौद्योगिकी या रियल एस्टेट में है? किसी विशेष क्षेत्र में सौदों का मूल्यांकन करने में आपकी सहायता के लिए क्या कोई चीज़ मौजूद है?
5. ***टाइमिंग :*** आप कैसे निवेशक हैं : अल्पकालिक या दीर्घकालिक? क्या आपको अपने बच्चों की शिक्षा, अपनी सेवानिवृत्ति या अपने घर का भुगतान करने के लिए जल्द ही धन की आवश्यकता है?
6. ***जोख़िम :*** आप कितना जोख़िम ले सकते हैं? आरईआईटी (रियल एस्टेट इन्वेस्टमेंट ट्रस्ट), मल्टी-फ़ैमिली अपार्टमेंट, बॉन्ड या डिविडेंट स्टॉक सामान्यत: टेस्ला जैसे ग्रोथ स्टॉक से अधिक सुरक्षित हो सकते हैं।
7. ***परिसंपत्ति यानी एसेट्स :*** आप किस परिसंपत्ति श्रेणी की समझ रखते या उसके बारे में सीखने का आनंद लेते हैं? विभिन्न परिसंपत्तियों का मूल्यांकन करने के लिए आपको उनके प्रॉफ़िट मॉडल के बारे में सोचने के नए तरीक़े सीखने की आवश्यकता हो सकती है।

8. ***स्थान :*** आप किन भौगोलिक क्षेत्रों के बारे में सीखने और निवेश करने में सहज हैं?

उपरोक्त प्रश्नों के उत्तर चाहे जो भी हों, निवेश के कई चमत्कारों में से एक यह है कि आप किसी भी चीज़ और हर चीज़ में निवेश कर सकते हैं। निवेशकों ने कई प्रकार की परिसंपत्तियों में निवेश करके लाखों-करोड़ों, यहाँ तक कि अरबों भी कमाए हैं, चाहे वे उद्योगों, बाज़ारों और भौगोलिक क्षेत्रों में कितनी भी लोकप्रिय (उदाहरण के लिए, एपल या टेस्ला) या गूढ़ (उदाहरण के लिए, बिटकॉइन या इनसेक्ट फ़ार्म) क्यों ना हों। निवेश रणनीतियों के क्षेत्र में अनंत संभावनाएँ हैं। आपकी शैली चाहे जो भी हो, यह उपरोक्त आठ कारकों में प्रतिबिंबित होनी चाहिए। समय, फ़ोकस, शोध और सीखने के माध्यम से ही कोई व्यक्ति अधिक जानकार बनता है और निवेश में अपनी अनूठी पकड़ या बढ़त हासिल करता है।

इस पुस्तक के अंतिम खंड में सैन, टिम और इया ने व्यक्तिगत निवेश रणनीतियाँ विकसित करने में पाठकों की मदद करने के लिए इन आठ प्रश्नों के उत्तर दिए हैं। एक डू-इट-योरसेल्फ़ यानी डीआईवाय शीट भी है, जो इन आठ सवालों के जवाब देने और व्यक्तिगत निवेश रणनीति निर्धारित करने में आपकी मदद करेगी।

यह देखते हुए कि किसी भी चीज़ में लाभप्रद रूप से निवेश करना संभव है, निवेशक को अपने हितों और निवेश रणनीति का पता लगाने के लिए थोड़ा गहन शोध करना चाहिए। अगला कमांडमेंट : ***कमांडमेंट 2 :*** **अपने क्षेत्र के मालिक बनें** – इन विचारों पर आधारित होगा और इस बात पर प्रकाश डालेगा कि विशेषज्ञता केवल किसी भी जादूगर के समय और जुनून के क्षेत्रों के प्रति समर्पण के साथ आती है।

नियम 2 :

अपने क्षेत्र के स्वामी बनें

आप भी निवेश जादूगर बन सकते हैं

कोई भी व्यक्ति पैदाइशी निवेश जादूगर नहीं होता। स्वभाव अपनी भूमिका निभाता है (यानी, जादूगरों के पास औसत बुद्धि तो होती है), लेकिन दरअसल पोषण ही उन्हें असाधारण निवेशक बनाता है। किसी चीज़ में अच्छा होने के लिए आपको प्रतिभाशाली होने की ज़रूरत नहीं है; आपको तो बस ध्यान केंद्रित करने और मेहनत करने की ज़रूरत है।

चार्ली मंगर

बफ़ेट के बिज़नेस पार्टनर चार्ली मंगर इसे इस तरह कहते हैं : 'जीतने का एकमात्र तरीक़ा काम करना, काम करना, काम करना, काम करना और कुछ अंतर्दृष्टि प्राप्त करने की आशा करना है।' हर व्यक्ति कभी-कभार सौभाग्य से सोने की खदान खोज सकता है, लेकिन जादूगर कड़ी मेहनत करते हैं, ताकि वे बार-बार सोने की खदानें ढूँढ़ सकें। 'अपने क्षेत्र का स्वामी' बनने के लिए मंगर यह सलाह देते हैं :

1. ***लगातार सीखते रहें :*** उत्साही पाठक बनें – हर दिन ज़्यादा समझदार बनें।
2. ***पूछें :*** यदि आप स्मार्ट बनना चाहते हैं, तो आपको यह प्रश्न पूछते रहना चाहिए, 'क्यों, क्यों, क्यों?'
3. ***धाराप्रवाह बनें :*** प्रमुख शैक्षणिक विषयों के मानसिक मॉडलों में प्रवाह विकसित करें।
4. ***तैयार रहें :*** बिना तैयारी के आप अवसरों का लाभ नहीं उठा सकते।

मैल्कम ग्लैडवेल ने अपनी पुस्तक *आउटलायर्स* में '10,000 घंटे का नियम' बताया था। उनके अनुसार बीटल्स ने 1960 के दशक की शुरुआत में हैम्बर्ग में कार्यक्रम देते हुए लगभग 10,000 घंटे का अभ्यास किया था, बिल गेट्स ने माइक्रोसॉफ़्ट की स्थापना करने से पहले 10,000 घंटे तक प्रोग्रामिंग कार्य किया था और सबसे प्रतिभाशाली वायलिन वादक 20 साल की उम्र तक 10,000 घंटे का अभ्यास पूरा कर लेते हैं। अपने अभ्यास में इतना ज़्यादा समय लगाने की बदौलत ही वे अपने चुने हुए क्षेत्र में विशेषज्ञ बनते हैं।

हालाँकि 10,000 घंटे का नियम विज्ञान से अधिक कला है, लेकिन आम तौर पर यह उम्मीद करना उचित है कि आप जितना अधिक काम करेंगे, आप उतने ही बेहतर बनेंगे। क्या आप अपने क्षेत्र में निवेश जादूगर बन सकते हैं? बिलकुल। जल्दी शुरुआत करें और ध्यान केंद्रित रखें। आइए 'जादूगरी के 10,000 घंटे' की पड़ताल करते हैं।

10,000 घंटे तक पहुँचने का रास्ता

10,000 घंटों तक पहुँचने के लिए आपको प्रति दिन कितने घंटे काम करना होगा

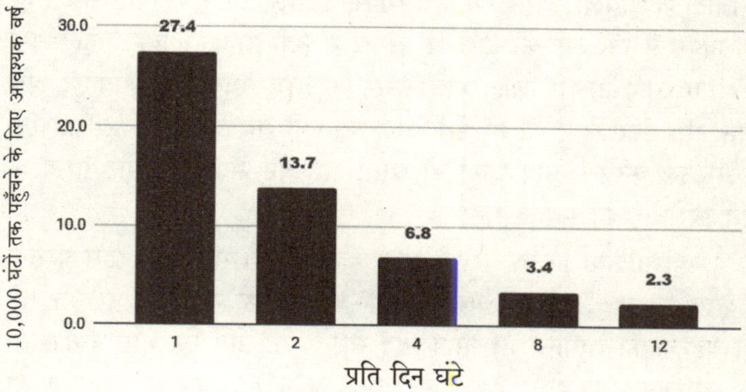

यदि आप आराम से काम करते हैं और हर दिन केवल एक घंटा मेहनत करते हैं, तो आपको किसी काम में महारत हासिल करने में 27 वर्ष का समय लग जाएगा। हालाँकि 27 साल बहुत लंबा समय लगता है, लेकिन वास्तव में गंभीर निवेशकों द्वारा सीखने और अपनी संपत्ति बढ़ाने के लिए यह दरअसल पर्याप्त समय है। उदाहरण के लिए, बफ़ेट ने अपनी 99.7 प्रतिशत संपत्ति 50 वर्ष की उम्र के बाद कमाई। इया 17 साल की है और वह इस किताब के लिए शोध, साक्षात्कार और लेखन में हर दिन कम से कम एक घंटा लगा रही है। यदि वह इससे प्रेम करती है और दिन में दो-तीन घंटे काम करती है और शायद कॉलेज में कुछ व्यावसायिक कक्षाएँ लेती है, तो वह 30 वर्ष की उम्र से पहले अपने चुने हुए क्षेत्र में महारथी बन सकती है! यदि संयोग से आपकी पूर्णकालिक नौकरी वित्त और निवेश से संबंधित है, जहाँ कुछ पदों पर 12 से 16 घंटे या उससे अधिक समय तक काम करना पड़ता है, तो आप केवल दो ही साल में महारथी बन सकते हैं।

किसी विषय पर समझदारी से बात करना शुरू करने के लिए आपको पूरे 10,000 घंटों की भी आवश्यकता नहीं है। बिज़नेस कोच जोश कॉफ़मैन बताते हैं कि लोग नई चीज़ें सीखते समय पहले 20 घंटों में सबसे तेज़ी से सीखते हैं। शुरुआती गणित में आप गिनती करना, जोड़ना-घटाना और शायद कुछ बीजगणित सीखते हैं - सबसे महत्त्वपूर्ण मूलभूत उपकरण

जो ज्यामिति या कैलकुलस पर आगे बढ़ने के लिए आवश्यक होते हैं। यही आप कोई नई भाषा सीखते समय देखते हैं। पहले 20 घंटे आप कुछ बुनियादी शब्दावली, व्याकरण और वाक्यविन्यास सीखने में बिता सकते हैं। हो सकता है कि आपको कुछ भी समझ में नहीं आए, लेकिन पहले घंटों के भीतर आप अपनी शिक्षा गहरी करने के लिए आवश्यक उपकरण और प्रवाह प्राप्त कर लेंगे, या तो अधिक शब्दावली सीखकर या फिर बातचीत में अभ्यास करके। आप जल्द ही धाराप्रवाह बन सकते हैं और समय के साथ विशेषज्ञ बन सकते हैं।

यही प्रक्रिया निवेश पर भी लागू होती है। हो सकता है, इस पुस्तक में कुछ ऐसे शब्द या अवधारणाएँ हो, जो आपको समझ में ना आ रही हों। यह काफ़ी सामान्य है। आप ख़ुद से पूछ रहे होंगे कि बांड क्या होता है? ऑप्शन क्या होता है? वॉरेन बफ़ेट कौन हैं? यह भी सामान्य है। सबसे मुश्किल हिस्सा शुरुआत करना है। पहले 20, 100 या 1000 घंटों के भीतर आप निवेश करने में प्रवाह विकसित कर लेंगे; आप बुनियादी शब्दावली, परिसंपत्ति श्रेणी और रणनीतियों को समझ लेंगे। फिर, आपको बस अपनी कला में सुधार करना होगा और महारत की राह पर आगे बढ़ना होगा।

एक गणितज्ञ को किसी के द्वारा यह समझाए जाने की आवश्यकता नहीं है कि कुछ अनंतताएँ दूसरों से बड़ी क्यों होती हैं। बार्सिलोना की यात्रा करते समय स्पेन के किसी मूल निवासी को अनुवादक की ज़रूरत नहीं होती। जब आप किसी क्षेत्र के जानकार बन जाते हैं, तो आपको प्रक्रिया में मार्गदर्शन के लिए 'विशेषज्ञों' की आवश्यकता नहीं रह जाती। आप घर जैसा महसूस करते हैं और अपने क्षेत्र के स्वामी होते हैं। इसका मतलब यह है कि आप विचार की *स्वतंत्रता विकसित* कर लेते हैं।

10,000 घंटे के सिद्धांत पर अमल

हमारे पास रियल एस्टेट क्षेत्र के पर्याप्त उदाहरण हैं। सैन के दोस्त माइक ने 20 से अधिक वर्षों तक इंजीनियर के रूप में काम किया। उसे इस नौकरी में मज़ा आ रहा था, लेकिन अपने वेतन के आयकर को घटाने के लिए

वह रियल एस्टेट में निवेश करने लगा। दो दशकों में हर दिन केवल एक-दो घंटे लगाते हुए माइक ने बहु-परिवार वाले मकान ख़रीदे, उनका पुनर्वास किया और उन्हें किराए पर दिया। उसने पूर्णकालिक नौकरी करते हुए अपने ख़ाली समय में 100 से अधिक मकान जमा करते हुए रियल एस्टेट में निवेश के बारे में सारी बातें सीखीं। उसे कभी बाहरी पूँजी की ज़रूरत नहीं पड़ी, क्योंकि उसने रिफ़ाइनैंस कराने और अधिक संपत्तियाँ ख़रीदने के लिए घर के निवेश से मिली कर बचत का उपयोग किया। अब एक रियल एस्टेट जादूगर बनने के बाद माइक अपनी नौकरी से रिटायर हो गया है, अपनी निष्क्रिय आय पर जीवनयापन करता है और सप्ताह में केवल कुछ घंटे नृत्य करते हुए 'काम' पर जाता है।

निष्क्रिय आय की इच्छा रखने वाले कई ज़्यादा आय वाले लोग बहु-परिवार आवास में सक्रियता से निवेश करते हैं। यह जानने के लिए कि तीन रिटायर्ड एनएफ़एल खिलाड़ियों (ब्रायन लोगन, लोगन फ्रीमैन और विली स्मिथ) ने यह रास्ता क्यों चुना और अपने खेल करियर के बाद रियल एस्टेट महारथी कैसे बने, उनके पॉडकास्ट और साक्षात्कार सुनने के लिए विज़ाड्र्स वेबसाइट पर जाएँ। हमारी साइट पर इस क्षेत्र के विशेषज्ञों की गुणवत्तापूर्ण सामग्री है, जिनमें शीर्ष संपत्ति प्रबंधक/निवेशक केन जी, रियल एस्टेट के पूर्व पेंशन फ़ंड मैनेजर विक्टर ली एरियावन के सीईओ जोएल फॉकनर हैं, जो संसार के सबसे बड़े फ़ार्मलैंड फ़ंड्स में से एक है। पॉल मूर बहु-परिवार और अन्य कार्यबल आवास, जैसे मोबाइल होम पार्क और जेम्स इंग. में निवेश करते हैं, जिनकी फ़र्म ने इन बड़ी निवेश संपत्तियों में अरबों का वित्तपोषण किया है। उन सभी ने रियल एस्टेट पर ध्यान केंद्रित किया, केवल कुछ साल (पार्ट-टाइम होने पर उससे अधिक) लगाए और 10,000 घंटों के अमल के बाद वे अपने व्यापार में शीर्ष पर हैं।

'10,000 घंटे का नियम' सभी उद्योगों पर लागू होता है। सैन के एक सहपाठी जॉन कॉलेज की पढ़ाई पूरी करने के बाद एक दूरसंचार अनुसंधान विश्लेषक के रूप में एक वैश्विक निवेश बैंक में शामिल हो गया। जैसा कि युवा विश्लेषक अक्सर करते हैं, उसने वीकएंड समेत 10-12 घंटे तक मेहनत की। केवल तीन वर्षों में वह उस देश में नंबर एक रैंक वाला दूरसंचार विश्लेषक बन गया।

अगले पाँच वर्षों में जॉन ने इस व्यापार पर ध्यान केंद्रित करना जारी रखा और एक क्षेत्रीय विश्लेषक बनने के लिए अपने भौगोलिक दायरे का विस्तार किया; उसने इंटरनेट क्षेत्र को भी अपने दायरे में जोड़ा। वह आगे चलकर नंबर वन क्षेत्रीय दूरसंचार और प्रौद्योगिकी विश्लेषक बन गया, जिसका साक्षात्कार अक्सर निवेशकों और वित्तीय टीवी चैनलों द्वारा लिया जाता था। अपनी महारथी की स्थिति और मीडिया स्टारडम के साथ जॉन अपना स्वयं का दस-आँकड़े वाला फ़ंड शुरू करने में सक्षम हो गया और अपने पसंदीदा सेक्टर्स तथा भौगोलिक क्षेत्रों में निवेश करते हुए बहुत अमीर बन गया।

एक अन्य मित्र एल्विन वांग शीर्ष वीआर/एआर फ़र्म एचटीसी चीन के प्रेसिडेंट के रूप में काम करते हुए 'एक्सआर' (संवर्धित वास्तविकता/आभासी वास्तविकता) और कृत्रिम बुद्धिमत्ता पर वैश्विक विशेषज्ञ बन गया। डॉ. इवान फ्रेज़र ने गुएल्फ़ विश्वविद्यालय नामक प्रसिद्ध कृषि विश्वविद्यालय में प्रोफ़ेसर के रूप में कृषि खाद्य पदार्थों पर ध्यान केंद्रित किया है, साथ ही एरेल फूड इंस्टीट्यूट भी चलाया है। वे जलवायु परिवर्तन और खाद्य पदार्थों से संबंधित सभी विषयों पर लोकप्रिय वक्ता और परामर्शदाता हैं।

ब्राज़ील के सबसे सफल सीरियल उद्यमियों में से एक कैओ डी एंड्रेड अब 10,000 से अधिक कर्मचारियों वाले 3 बिलियन अमेरिकी डॉलर के संगठन एसईआरपीआरओ के प्रेसिडेंट के रूप में उस देश की डिजिटल क्रांति का नेतृत्व कर रहे हैं। हार्लेम में जमैका से आए माता-पिता के घर पली-बढ़ी पाउला मैडिसन हॉलीवुड में कॉर्पोरेट रैंक पर चढ़कर हॉलीवुड में सबसे वरिष्ठ अल्पसंख्यक अधिकारियों में से एक बन गई। एनबीसी से सेवानिवृत्त होने के बाद वे अब रियल एस्टेट पर केंद्रित पारिवारिक निवेश समूह की भागीदार और वैश्विक पहुँच वाली मीडिया कंसल्टेंसी मैडिसन मीडिया की सीईओ हैं। पाउला अन्य उल्लेखनीय निवेशों के अलावा द अफ्रीका चैनल और डब्ल्यूएनबीए टीम एलए स्पार्क्स की भी मालकिन हैं। (इन व्यक्तियों की 10,000 घंटे की यात्रा और उनके क्षेत्र व निवेश दर्शन में महारथी बनने के बारे में अधिक जानकारी के लिए कृपया https://wizards./institute/ पर उनके पॉडकास्ट और यूट्यूब वीडियो देखें)

निष्क्रिय निवेशकों को भी थोड़ा काम करना चाहिए। मसलन अगर आप दस वर्षों के लिए स्टॉक मार्केट इंडेक्स ख़रीदना और रोककर रखना चाहते हैं, तब भी आपको यह शोध करना चाहिए कि कौन से बाज़ार, इंडेक्स और प्रबंधक अच्छे रिटर्न दे सकते हैं। उदाहरण के लिए, सैन अमेरिका में बहु-परिवार अपार्टमेंट इमारतों में निष्क्रिय निवेश करता है - ये अद्भुत निवेश अच्छा (8-12 प्रतिशत) डिविडेंड देते हैं, साथ ही इनका भाव भी बढ़ता है, जो आम तौर पर पाँच साल के भीतर डेढ़-दो गुना हो सकता है। जब आप अच्छे बाज़ारों में सही प्रबंधकों और सही परिसंपत्तियों को चुनते हैं, तो सुरक्षित, निष्क्रिय निवेश के लिए बुरा रिटर्न नहीं मिलता है।

वैसे यह बात ध्यान रखें कि हर संपत्ति और प्रबंधक (और उनकी ईमानदारी) भिन्न होता है। हालाँकि निवेश निष्क्रिय हैं, फिर भी निवेशक को लोगों का मूल्यांकन करने और सही प्रश्न पूछने के लिए होमवर्क करना चाहिए। यदि आप प्रबंधकों और परिसंपत्तियों दोनों को खोजने और जाँचने में समय लगाते हैं, तो इसका फल स्वादिष्ट और सस्ता हो जाता है। यह बात सभी निवेशों पर लागू होती है।

चाहे आप दिन में एक घंटे लगाएँ या दस घंटे, मुख्य बात महारथी का दर्जा हासिल करने के लिए ध्यान केंद्रित करना और समय लगाना है। यदि माइक की तरह ही आपके पास भी आपके निवेश क्षेत्र से असंबद्ध नौकरी है, तो आप कई वर्षों में अंशकालिक महारथी बन सकते हैं। दूसरी तरफ़, यदि जॉन की तरह आपका जुनून ही आपका काम है, तो आप काफ़ी कम वर्षों में ऐसा कर सकते हैं। आप जितनी जल्दी शुरू करेंगे, जैसा कि इया ने किया है, उतनी ही जल्दी आप वहाँ पहुँचेंगे!

विचार की स्वतंत्रता ('आईओटी')

निष्पक्षता और तर्कसंगतता के लिए वैचारिक स्वतंत्रता की आवश्यकता होती है। याद रखें : दूसरे लोग आपसे सहमत या असहमत हैं, सिर्फ़ इसी कारण आप सही या ग़लत नहीं हो जाते। केवल एक चीज़ मायने रखती है - आपके विश्लेषण और निर्णय का सही होना। जैसे-जैसे आप अपनी विशेषज्ञता के क्षेत्र में ज्ञान हासिल करने में अधिक समय बिताते हैं, आपके पास योग्यता का एक क्षेत्र बनने लगेगा, निवेश के बारे में गंभीर रूप से

सोचने के लिए पर्याप्त ज्ञान आ जाएगा और आप सही तथा ग़लत में भेद करने की क्षमता विकसित कर लेंगे। यदि आप अपने बारे में नहीं सोचते हैं और आँख मूँदकर बाज़ार के सबसे लोकप्रिय रुझानों का अनुसरण करते हैं, तो आपको संभवत: औसत या कमतर प्रदर्शन मिलेगा (**अध्याय 4 : 'मुर्दा मछली नहीं बनें' में इस पर अधिक जानकारी मिलेगी**)।

आज के उन्मादी सोशल मीडिया संसार में समाचार स्रोतों की बहुतायत और सूचनाओं की भरमार है, जिनमें से आपको सही चुनाव करना होता है। अधिकांश प्रमुख समाचार स्रोत वस्तुनिष्ठ नहीं होते हैं, उनके दृष्टिकोण पर संपादकों के राजनीतिक और व्यावसायिक हितों का रंग चढ़ा होता है। यहाँ तक कि द *इकोनॉमिस्ट*, जो दुनिया की सबसे प्रतिष्ठित अँग्रेज़ी पत्रिकाओं में से एक है, पाश्चात्य-केंद्रित परिप्रेक्ष्य से समाचार देने की प्रवृत्ति रखता है।

यह अत्यधिक कमाई करने वाले सलाहकारों पर भी लागू होता है। जब सैन 28 वर्ष का था, तो वह एक तेज़ी से बढ़ते इंटरनेट स्टार्टअप के सीईओ के रूप में आईपीओ की योजना बना रहा था। उसने आईपीओ की लिस्टिंग हेतु सर्वोत्तम स्थान का आकलन करने के लिए न्यू यॉर्क, हांगकांग और लंदन के कई स्टॉक एक्सचेंज अधिकारियों व निवेश बैंकरों से परामर्श लिया। तीनों स्थानों की अपनी-अपनी ख़ूबियाँ और ख़ामियाँ थीं। इसके अलावा, प्रत्येक सलाहकार ने अपने शहर में आईपीओ की लिस्टिंग करने के आकर्षक कारण बताए। होमवर्क करने के बाद ही सैन सलाहकारों और दलालों की प्रेरणा से स्वतंत्र हो पाया तथा विचार की स्वतंत्रता विकसित कर पाया, जिसके आधार पर वह निर्णय ले सके कि कंपनी की अनूठी स्थिति के लिहाज़ से सबसे अच्छा क्या था। जैसा कि 'द गुड पिग' की कहानी में बताया गया है, हम दूसरे लोगों पर आँख मूँदकर भरोसा नहीं कर सकते।

सैन के पसंदीदा निवेशों में से एक टेस्ला को लें। हर दिन आपको उग्र बुल्स बनाम बियर्स मिल जाएँगे, जो इस स्टॉक को पसंद करते हैं या इससे नफ़रत करते हैं। अरबपति और प्रसिद्ध निवेशक इस स्टॉक में निवेश करने या इसे शॉर्ट करने के लिए ठोस दलीलें दे सकते हैं। समाचारों की सुर्ख़ियाँ दर्शकों को आकर्षित करने के लिए सनसनीख़ेज़ शब्दों का इस्तेमाल करती हैं। दोनों पक्षों के दृष्टिकोणों को पढ़ने के लिए टेस्ला से संबंधित समाचार खोजने में एक घंटा लगाएँ; इसके बाद आप पहले से अधिक भ्रमित हो जाएँगे।

अपनी स्थिति में सहज रहने का एकमात्र तरीक़ा वैचारिक स्वतंत्रता विकसित करना है; और इसे केवल मेहनत करके ही हासिल किया जा सकता है। सैन ने तीन साल से ज़्यादा समय तक टेस्ला की कार चलाई है और वह उनके प्रॉडक्ट्स को गहराई से समझता है। वह टेस्ला की सारी नई प्रौद्योगिकी और प्रॉडक्ट्स (उदाहरण के लिए, उनके ऑटोपायलट सॉफ़्टवेयर) की समीक्षा करता है। वह कभी-कभी क्लिक-बेट लेखों सहित पक्ष या विपक्ष के सभी तर्कों को पढ़ता है, ताकि यह देख सके कि वे खुदरा निवेशकों या टेस्ला के 'एक रात के' ट्रेडर्स ('झुंड') के दिमाग़ पर कैसे प्रभाव डालते हैं। उसे लंबे-चौड़े पॉडकास्ट पसंद हैं, खुद को अपडेट रखने के लिए वह शीर्ष टेस्ला बुल (उदाहरण के लिए, डैन इवेस) और बियर विश्लेषकों का साक्षात्कार देखता है (आपको ये साक्षात्कार विज़ार्ड्स साइट पर मिल जाएँगे)। वह प्रतिस्पर्धियों और विदेशी बाज़ारों के बारे में पढ़ता है, जिसमें सबसे बड़े इलेक्ट्रिक वाहन (ईवी) बाज़ार चीन में वैकासिक गतिविधियाँ भी शामिल है।

यह सब करने के बाद उसे टेस्ला को लंबे समय के लिए ख़रीदने और रोककर रखने का विश्वास हासिल हो जाता है और वह स्टॉक की दैनिक अस्थिरता की प्रकृति को नज़रअंदाज़ कर देता है। 100 प्रतिशत समय सही होना मुद्दे की बात नहीं है, क्योंकि कोई भी निवेश शत-प्रतिशत जोख़िमरहित नहीं होता। टेस्ला एक नई, जोख़िम भरी कंपनी है और हो सकता है कि इसमें निवेश करने पर सैन को पैसा गँवाना पड़े। लेकिन कुंजी यह है कि उसकी निवेश नींव दृढ़ है और इस दृढ़ विश्वास से उसके पास तब तक लाभ कमाने का अच्छा अवसर है, जब तक कि उसकी अवधारणा सही रहती है।

इसे टेस्ला जैसी जटिल कहानी होने की ज़रूरत नहीं है। याद रखें, महारथी पीटर लिंच ने एक बार कहा था, 'कभी भी ऐसे किसी विचार में निवेश ना करें, जिसे आप क्रेयॉन से चित्रित नहीं कर सकते। केवल वही निवेश करें जिसे आप समझते हैं।' आप अध्ययन के लिए कोई भी संपत्ति चुनें, कोई भी निवेश रणनीति अपनाएँ, चाहे वह कोई भी क्षेत्र हो; चाहे वह एशियाई टेलीकॉम और इंटरनेट में जॉन की रुचि जैसा हो, या माइक की तरह बहु-परिवार वाले मकानों में निवेश केंद्रित करना हो या सैन की तरह टेस्ला हो - एकाग्र बने रहें, मेहनत करें और आईओटी यानी विचार की

स्वतंत्रता विकसित करें। संभावना इस बात की है कि महारथियों की तरह ही आप भी हारेंगे कम, जीतेंगे ज़्यादा।

विचार की स्वतंत्रता के साथ अब आप अपने क्षेत्र के स्वामी हैं। इससे कोई फ़र्क़ नहीं पड़ता कि आप कौन सा क्षेत्र चुनते हैं, या कौन सा निवेश चुनते हैं, लेकिन आपको यह पता होना चाहिए कि मैक्रो कारक आपके निवेश प्रदर्शन को प्रभावित कर सकते हैं। हम अगले कमांडमेंट – **कमांडमेंट 3 : मार्केट साइकल का सम्मान करें** में इन कारकों पर गहराई से विचार करेंगे।

एक आदर्श पति

एक गोल्फ़ क्लब के लॉकर रूम में कई व्यक्ति हैं। बेंच पर एक सेल फ़ोन बजता है और एक आदमी हैंड्स-फ्री स्पीकर फ़ंक्शन चालू करता है और बात करने लगता है। कमरे में मौजूद सभी लोग सुनने के लिए रुक जाते हैं।

आदमी : 'हैलो?'

महिला : 'हेलो डियर; मैं बोल रही हूँ। क्या आप क्लब में हैं?''

आदमी : 'हाँ, मैं हूँ।'

महिला : 'मैं अभी एक दुकान में हूँ और मुझे एक सुंदर लेदर कोट दिखा है। यह केवल 2,000 डॉलर का है। अगर मैं इसे ख़रीदूँ, तो क्या यह ठीक है?'

आदमी : 'ज़रूर, अगर तुम्हें यह इतना ही पसंद है तो बिलकुल ख़रीद लो!'

महिला : 'मैं लेक्सस डीलरशिप पर भी रुकी और नए मॉडल देखे। एक मॉडल तो मुझे सचमुच पसंद आया।'

आदमी : 'कितने का है?'

महिला : '90,000 डॉलर।'

आदमी : 'ठीक है, लेकिन उस क़ीमत पर मुझे यह सभी विकल्पों के साथ चाहिए।'

महिला : 'बहुत बढ़िया! अरे, और एक बात। मैं अभी जेमी से बात कर रही थी और मुझे पता चला कि जो घर मैं पिछले साल चाहती थी, वह बिकने के लिए बाज़ार में वापस आ गया है। वे इसके लिए 9,00,000 डॉलर माँग रहे हैं। वे शायद हमारे प्रस्ताव पर मान जाएँगे। यदि नहीं, तो हम अतिरिक्त अस्सी हज़ार दे सकते हैं, यदि आप वास्तव में यही चाहते हैं।'

आदमी : 'ठीक है, तो आगे बढ़कर प्रस्ताव रख दो।'

महिला : 'ठीक है। मैं आपसे बाद में मिलती हूँ! मैं आपसे बहुत प्यार करती हूँ!'

आदमी ने फ़ोन रख दिया। लॉकर रूम के अन्य लोग मुँह फाड़े उसे आश्चर्य से देख रहे हैं। वह मुड़ता है और पूछता है, 'क्या कोई जानता है कि यह किसका फ़ोन है?'

इस कहानी का सबक़ यह है, जैसा कि यह निवेश पर लागू होता है, कि वॉल स्ट्रीट और किसी भी अन्य विशेषज्ञ से सावधान रहें, जिस पर आपका भरोसा है। इसका उद्देश्य आपको 'विशेषज्ञों' से सलाह लेने से हतोत्साहित करना नहीं है। बल्कि हम तो सावधान करना चाहते हैं कि निवेशकों को कभी भी दूसरे लोगों की सलाह के लुभावने आवरण पर ही भरोसा नहीं करना चाहिए। जैसा कि ऊपर कहा गया है, प्रत्येक निवेशक के लक्ष्य और परिस्थितियाँ अलग-अलग होती हैं और अक्सर सलाहकारों के हित आपके हितों से मेल नहीं खाते हैं – उदाहरण के लिए, पेशेवर ओपीएम (दूसरे लोगों के पैसे) के साथ खेल रहे हैं।

एक उदाहरण 2008 का सबप्राइम मॉर्टगेज संकट है : बैंकों ने चतुर वित्तीय करामातों के साथ ख़राब बंधक ऋण (बी रेटिंग या नीचे) की नई पैकिंग की और फिर ट्रिपल-ए (एएए) रेटिंग के साथ निवेशकों को ऋण दोबारा बेच दिया और यह उच्चतम ग्रेड है, जो आपको मिल सकता है। बैंक स्वयं सबप्राइम मॉर्टगेज में निवेश नहीं कर रहे थे।

वे तब पैसा कमाते हैं, जब वे इन प्रॉडक्ट्स को बेचकर कमीशन कमाते हैं। वे ओपीएम यानी दूसरे लोगों के पैसों के साथ खेल रहे थे। कभी-कभी, दोबारा पैकेज किए गए ऋण बेहद जटिल होते थे। कई

निवेशकों ने इन ट्रिपल-ए-रेटेड ऋणों के साथ आने वाले जोख़िम को कम आँका और मंदी आने पर उन्हें भारी नुक़सान उठाना पड़ा। इनमें से कुछ बैंकर ना केवल बेहद ग़लत दिशा वाले हितों के साथ प्रॉडक्ट्स बेच रहे थे, बल्कि वे खुद भी नहीं समझ पा रहे थे कि इन हानिकारक 'निवेश' वाहनों का सही तरीक़े से विश्लेषण कैसे किया जाए।

विशेषज्ञों की सलाह और उनके परिष्कृत प्रॉडक्ट्स में पैसा लगाते समय सावधान रहें!

नियम 3:

मार्केट साइकल का सम्मान करें

बाज़ार हमेशा चक्रीय होते हैं

निवेश के क्षेत्र में अनिश्चितता अपने आप में एक दुर्लभ निश्चितता है। पूँजी बाज़ार से अनभिज्ञ नए निवेशक अनिश्चितता और दिन-प्रतिदिन की अस्थिरता से भयभीत हो सकते हैं। किसी स्टॉक के भाव में एक दिन में 5 प्रतिशत या 10 प्रतिशत की वृद्धि या गिरावट देखना आम बात है और कुछ इसे बहुत जोखिम भरा मान सकते हैं। लेकिन अस्थिरता यानी उतार-चढ़ाव निवेश का एक अंतर्निहित हिस्सा है और लंबी अवधि में इसी से मार्केट साइकल बनता है। आपके निवेश कौशल के बावजूद यदि आप शेयर बाज़ार की साइकल को नहीं समझते हैं और अपने जोखिम का ठीक से प्रबंधन नहीं करते हैं, तो आप निश्चित रूप से असफल होंगे। महारथी अपने लाभ के लिए मार्केट साइकल का उपयोग करना जानते हैं।

हॉवर्ड मार्क्स

कोलंबिया में टिम के कॉर्पोरेट वित्त प्रोफ़ेसर ने एक बार ओकट्री कैपिटल के संस्थापक प्रसिद्ध निवेशक हॉवर्ड मार्क्स को अतिथि व्याख्याता के रूप में आमंत्रित किया। मार्क्स ने बताया कि 'वास्तव में सफलता की दो कुंजियाँ हैं : जोख़िम से निपटना और यह समझना कि हम साइकल में कहाँ हैं।' मार्केट साइकल यानी बाज़ार चक्र, तेज़ी और मंदी, आपके पोर्टफ़ोलियो के लिए हमेशा मौजूद रहने वाला जोख़िम पेश करते हैं। प्रत्येक साइकल के विस्तृत विवरण अलग हो सकते हैं, लेकिन जिस भी निवेशक ने पिछले बाज़ार प्रदर्शनों का अध्ययन किया है, उसे पता होगा कि कुछ पैटर्न दरअसल चक्र दर चक्र स्वयं को प्रकट करते हैं। आप साइकल के बारे में कैसे सीखते हैं? चार्ली मंगर ने कहा, 'भविष्य का निर्धारण करते वक़्त इतिहास से बेहतर कोई शिक्षक नहीं है।' साइकल्स को जानने से आपको पूर्ण निश्चितता तो नहीं मिलती है, लेकिन जो निवेशक साइकल्स के पीछे के इतिहास को जानता है, वह संभावनाओं को अपने पक्ष में कर सकता है।

एक अच्छे निवेशक को मनोविज्ञान की समझ भी होनी चाहिए। चूँकि मानव स्वभाव शायद ही बदलता है, इसलिए भावनाएँ प्राय: ट्रेंड यानी

रुझानों का एक बड़ा घटक होती हैं। किसी निवेशक को भविष्य के बारे में पता नहीं चल सकता, लेकिन उसे इस बात का अंदाज़ होना चाहिए कि बाज़ार इस साइकल में कहाँ है, ताकि वह उसके अनुसार निवेश कर सके और संभावित घाटे को कम कर सके। अपनी पुस्तक *मास्टरिंग द मार्केट साइकल* में मार्क्स ने बुल मार्केट की तीन अवस्थाओं का परिचय दिया है :

मार्केट साइकल और अनिश्चितता

हम इस वक्त चक्र यानी साइकल में कहाँ हैं?

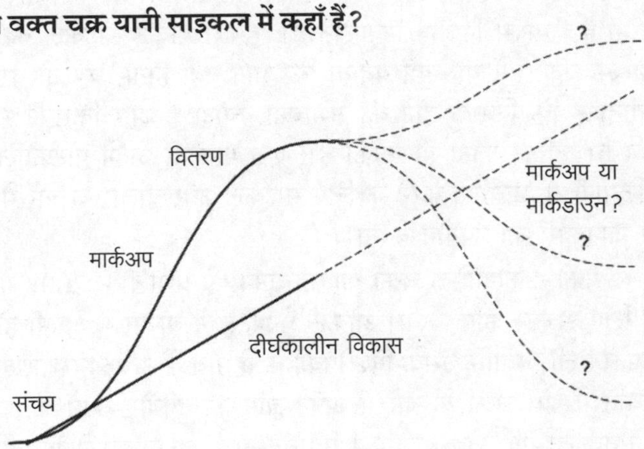

पहली अवस्था यानी संचय में, 'केवल कुछ असामान्य रूप से संवेदनशील लोग ही यह मानते हैं कि चीज़ें बेहतर हो जाएँगी।' इसलिए डर या उदासीनता के चलते लगभग कोई भी निवेश नहीं करता है (उदाहरण के लिए, 1930 और 1940 के बीच, 2001 या 2009 मंदी के बाद)। दूसरी अवस्था यानी मार्कअप में, 'अधिकांश निवेशकों को अहसास हो जाता है कि वास्तव में सुधार हो रहा है।' जैसे-जैसे अधिक लोग बुलिश होते जाते हैं, बाज़ार ऊपर की ओर बढ़ता जाता है। तीसरी अवस्था यानी वितरण में, 'हर कोई निष्कर्ष निकालता है कि चीज़ें हमेशा के लिए बेहतर हो जाएँगी।' फ़ोमो (छूट जाने का डर) शुरू हो जाता है, लालच हावी हो जाता है और बुलबुला फूटने तक बाज़ार बढ़ता रहता है।

प्रत्येक बुल मार्केट अनिवार्य रूप से समाप्त होता है और मंदी के बाज़ार में बदलता है। पीछे मुड़कर देखने पर साइकल्स यानी चक्रों को

देखना अपेक्षाकृत आसान होता है। समस्या यह है कि इस पल की गर्मी में निवेशकों को यह पता नहीं होता कि बाज़ार किस दिशा में जाएगा – यह ग्राफ़ में बिंदीदार रेखाओं द्वारा दर्शाया गया है। आप जानते हैं कि अर्थव्यवस्था दीर्घकालिक विकास रेखा के साथ बढ़ेगी, लेकिन बाज़ार अल्पावधि में किसी भी दिशा में जा सकता है : ऊपर, सपाट या नीचे। आप केवल संभावना ही बता सकते हैं, लेकिन निश्चित रूप से कभी नहीं कह सकते कि निकट भविष्य में बाज़ार बढ़ेगा या गिरेगा। 'निवेश काला या सफ़ेद, अंदर या बाहर, ख़तरनाक या सुरक्षित नहीं है। मुख्य शब्द आकलन करना है,' मार्क्स निष्कर्ष निकालते हैं। 'हमारी मार्केट साइकल की स्थिति का आकलन हमें यह नहीं बताता कि आगे क्या होगा, यह तो बस इतना बताता है कि किसके होने की संभावना ज़्यादा है और किसकी संभावना कम है। लेकिन इतना ही काफ़ी है।' एक महारथी अपने पोर्टफ़ोलियो को बुद्धिमानी से आवंटित करने के लिए साइकल और बाज़ार के बारे में अपनी हर जानकारी का उपयोग करेगा।

मैक्रो-इकोनॉमिक चक्रों को पहचानने की प्रणाली ने 2008 में मार्क्स के लिए अच्छा काम किया। ओकट्री कैपिटल ने बाज़ार में अपनी होल्डिंग्स कम कर लीं, क्योंकि उसके विश्लेषकों के हिसाब से अर्थव्यवस्था ख़तरनाक स्थिति में थी। चक्रों के बारे में अपने ज्ञान का उपयोग करने की वजह से वे सतर्क हो गए। जब बाज़ार में गिरावट आई, तो मार्क्स ने ख़रीदारी की। ओकट्री ने 11 अरब डॉलर का संकटग्रस्त फ़ंड जुटाया और अकेले एक सौदे में संकटग्रस्त ऋण ख़रीदा जिसका मूल्य कुछ साल बाद बढ़ गया, जिससे ओकट्री निवेशकों को 6 अरब डॉलर का मुनाफ़ा हुआ। ओकट्री आज 120 अरब डॉलर का प्रबंधन करता है, जो मार्क्स की आज़मायी हुई रणनीति का एक प्रमाण है।

हम अगले कमांडमेंट में मार्केट साइकल को चलाने वाले मनोविज्ञान पर चर्चा करेंगे और यह बताएँगे कि हम इससे कैसे लाभ उठा सकते हैं।

ऐतिहासिक पीई के माध्यम से मार्केट साइकल का आकलन

बुल और बियर मार्केट को प्रायः दो अलग-अलग चक्रों में वर्गीकृत किया जा सकता है : चक्रीय या निरपेक्ष।

चक्रीय बाज़ार चक्र अल्पकालिक होते हैं, जो निवेशक की भावना (बुनियादी बातों से नहीं) से प्रेरित होते हैं, और दिनों, हफ़्तों या महीनों तक चल सकते हैं। निरपेक्ष बाज़ार चक्र कई वर्षों, यहाँ तक कि दशकों तक चल सकता है और बुनियादी बातों से संचालित होता है – दीर्घकालिक कारक, जैसे कि ब्याज दरें या कंपनी की आय।

निरपेक्ष बाज़ार चक्र की विशेषता लंबी अवधि में क़ीमतों का बढ़ना और घटना है। निरपेक्ष बुल मार्केट तब समाप्त हो जाता है, जब बाज़ार काफ़ी ओवरवैल्यूड हो जाता है, एक बुलबुला बनता है और बाज़ार में बड़ा करेक्शन आता है। महामंदी, 2000 का टेक बबल और 2008 का वित्तीय संकट, दीर्घकालिक निरपेक्ष चक्रों के अंत के प्रतीक हैं। इन बड़े करेक्शन्स ने चतुर निवेशकों की क़िस्मत चमका दी है, जबकि कई अन्य लोगों की संपत्ति को नष्ट कर दिया है।

प्राइस-टु-अर्निंग्स (पीई) रेशियो मूल्यांकन स्तर मापने का सबसे बुनियादी और लोकप्रिय तरीक़ा है। पीई यह समझने के लिए सरल लेकिन उपयोगी साधन है कि निवेशक परिसंपत्ति से अपेक्षित मुनाफ़े के संदर्भ में कितना पैसा दे रहे हैं। इसकी गणना निम्न सूत्र द्वारा की जाती है :

पीई रेशियो = प्रति शेयर मूल्य/प्रति शेयर आय

जैसे-जैसे प्रति शेयर आय कम होती है या क़ीमत बढ़ती है, पीई रेशियो बढ़ता है। पीई रेशियो जितना अधिक होगा, निहित मूल्यांकन उतना ही अधिक होगा। यदि किसी कंपनी का पीई रेशियो 6 है, तो इसका मतलब है कि आप कंपनी की वर्तमान वार्षिक आय का छह गुना भुगतान कर रहे हैं। यानी इसके वर्तमान मूल्यांकन को अर्जित करने में कंपनी को लगभग छह साल लगेंगे (बशर्ते आय में कोई बदलाव ना हो)।

उच्च-विकास दर वाले कुछ स्टार्टअप्स की आय नहीं होती, केवल व्यय होता है। उनके मामले में यह मूल्यांकन पद्धति काम नहीं करती है, क्योंकि पीई रेशियो नकारात्मक होता है। व्यापक बाज़ारों के संदर्भ में यह माप सहायक हो सकता है, जहाँ कई स्थापित कंपनियों के पास पहले से ही लाभ के ठोस मार्ग हैं :

एसऐंडपी 500 पीई रेशियो संकट-पूर्व बनाम संकट-पश्चात

संकट में पीई औसत पर लौट आते हैं

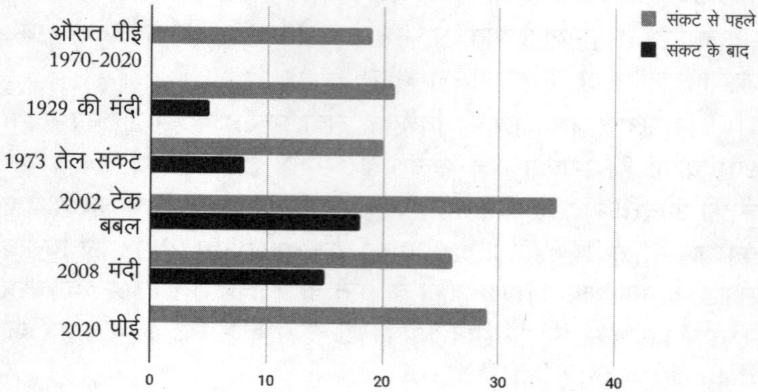

रिसर्च फ़र्म क्रेस्टमोंट रिसर्च के संस्थापक एड ईस्टरलिंग का मानना है कि 'निरपेक्ष बुल मार्केट कम पीई के साथ शुरू होता है और लंबे समय में उच्च स्तर पर समाप्त होता है, जिस दौरान मूल पीई दोगुना या तिगुना हो जाता है। निरपेक्ष बियर मार्केट इसके विपरीत होता है, जहाँ पीई बढ़ता नहीं है, बल्कि एक-तिहाई या दो-तिहाई या इससे भी ज़्यादा गिर जाता है।' उनकी टिप्पणियों को ऊपर दिए गए ग्राफ़ में आसानी से देखा जा सकता है। हालाँकि ऊँचा पीई रेशियो कुछ समय के लिए क़ायम रह सकता है, लेकिन अत्यधिक ऊँचा वैल्युएशन अनंत काल तक नहीं बढ़ सकता है।

1971 से 2017 तक एसऐंडपी 500 का औसत पीई लगभग 19.4 (17 के मीडियन स्तर के साथ) रहा है। वर्तमान में यानी 2020 में पीई लगभग 29 पर है। प्रत्येक निरपेक्ष बुल मार्केट में शेयर के भाव कंपनी की आय में वृद्धि से ज़्यादा तेज़ी से बढ़ते हैं, जिससे पीई अनुपात अधिक हो जाता है। इसे आम तौर पर पीई विस्तार कहा जाता है। स्मार्ट निवेशक जानता है कि मार्केट वैल्युएशन न्यूटन की भौतिकी के नियम से नहीं बच सकता, 'जो ऊपर जाता है, उसे नीचे आना ही पड़ता है।'

यदि बाज़ार का पीई 15 से 30 और फिर 45 तक बढ़ गया है, तो इसका मतलब होता है कि अब पूँजी को दोबारा पाने के लिए 45 साल

की आय की ज़रूरत होगी। ऐसे में महारथी यह बात याद रखेगा कि औसत दीर्घकालिक पीई रेशियो 19 है, इसलिए वह बाज़ार के अत्यधिक ऊँचे वैल्युएशन के बहकावे में नहीं आएगा।

अपना टाइमर बाहर फेंक दो

'बाज़ार की टाइमिंग के साथ समस्या सही समय खोजने की है।'

पीटर लिंच

प्रत्येक निवेशक ने यह कहावत अवश्य सुनी होगी, 'कम क़ीमत पर ख़रीदें, अधिक क़ीमत पर बेचें।' यदि आप प्रत्येक दिन के न्यूनतम बिंदु पर ख़रीद सकें और उच्चतम बिंदु पर बेच सकें, तो यह रणनीति वास्तव में आपको बहुत अमीर बना देगी। आसान लगता है, है ना? लेकिन है नहीं। सभी जानकार इस बात से सहमत हैं कि अल्पावधि में बाज़ार की टाइमिंग करना बेहद कठिन है, हालाँकि लंबी अवधि में लगातार ऐसा करना असंभव नहीं है। लिंच ने कहा, 'अगर मार्केट टाइमिंग इतनी अच्छी रणनीति है, तो फिर फ़ोर्ब्स के सबसे अमीर अमेरिकियों की सूची में शीर्ष पर किसी मार्केट टाइमर का नाम क्यों नहीं दिखता?' यह एक बढ़िया सवाल है।

एक मिनट रुकिए! क्या हमने 2008 में बाज़ार की टाइमिंग के लिए हावर्ड मार्क्स की प्रशंसा नहीं की थी? हाँ, लेकिन मार्क्स बाज़ार को अल्पकाल के नहीं, बल्कि दीर्घकालिक निरपेक्ष चक्रों के अनुसार खेल रहे थे। मार्क्स के निवेश के छह वर्षों (2002-2008) में बाज़ार का पीई रेशियो 35 तक पहुँच गया। स्पष्ट रूप से बाज़ार ओवरवैल्यूड था। मार्क्स के 11 बिलियन डॉलर का फ़ंड दीर्घकालिक निवेश नीति पर चल रहा था, जिससे उन्हें निरपेक्ष मार्केट साइकल के अनुसार चलने के लिए पर्याप्त समय मिला। इस अंतर्दृष्टि, निवेश और दृढ़ विश्वास की वजह से उनके फ़ंड ने सिर्फ़ एक 'दाँव' में अरबों डॉलर कमा लिए।

हम दोहराना चाहेंगे कि हम अल्पकालिक बाज़ार टाइमिंग के ख़िलाफ़ आगाह कर रहे हैं, जो बहुत कठिन है। यह कठिन इसलिए है, क्योंकि यह मानवीय भावनाओं से प्रेरित है। और मानवीय भावनाओं को निवेशक

ना तो निर्धारित कर सकते हैं, ना ही उनकी भविष्यवाणी कर सकते हैं। लंबी अवधि का निवेश अच्छे निवेशकों को इन भटकावों से मुक्त कर देता है। वॉलमार्ट, एपल, या एमेज़ॉन जैसी शानदार कंपनियों में दिग्गज बनने की क्षमता थी, हालाँकि यह 2010 में संकट के बाद के बाज़ार में प्रतिबिंबित नहीं हुआ था। हम ***अध्याय 4 'मुर्दा मछली नहीं बनें' और अध्याय 7 'विजेताओं को मैराथन दौड़ाएँ' में दीर्घकालिक सोच के लाभों के बारे में अधिक विस्तार से बताएँगे।***

1990 में अर्थशास्त्र के नोबेल पुरस्कार विजेता विलियम शार्प ने तर्क दिया कि बाज़ार की टाइमिंग करने वाले लंबी अवधि में 'प्रति वर्ष चार प्रतिशत' से अधिक नहीं कमा पाते हैं। इसका कारण यह है कि ज़्यादातर लोग यह अनुमान लगाने में बहुत ख़राब होते हैं कि बाज़ार अल्पकाल में किधर जाएगा। इस वजह से अक्सर क़ीमतों में उतार-चढ़ाव का अनुमान ग़लत हो जाता है। जब तक किसी निवेशक के दस में से सात निर्णय सही ना हों, तब तक शार्प की सलाह यही है कि बाज़ार की टाइमिंग को पूरी तरह छोड़ दें।

ये भयानक संभावनाएँ हैं। यदि आप बाज़ार की टाइमिंग को सिक्के उछालने के रूप में देखते हैं, जहाँ बाज़ार के ऊपर या नीचे जाने की 50/50 संभावना है, तो दस में से सात का सही होना असंभव लगता है। 'इनसाइडर ट्रेडिंग' नामक 'जादुई' ग्लास बॉल के बिना आप कैसे विश्वास रख सकते हैं कि आप लगातार सही टाइमिंग करेंगे? आप कैसे जान सकते हैं कि बाज़ार आज से एक दिन, एक सप्ताह या एक वर्ष बाद कहाँ जाएगा?

यदि इसके बावजूद आप यह सोच रहे हैं कि आप लगातार बाज़ार में टाइमिंग करके मुनाफ़ा कमा सकते हैं, तो इन शब्दों पर ध्यान दें : 'वॉल स्ट्रीट का एक मूर्ख है, जो सोचता है कि उसे हर समय ट्रेडिंग करना चाहिए। बहुत से लोगों के पास हर दिन स्टॉक ख़रीदने या बेचने के लिए हमेशा पर्याप्त कारण नहीं हो सकते। ऐसा कभी नहीं हुआ कि मेरी सोच ने मुझे बड़ा मुनाफ़ा कराया हो; यह तो उन्हें पकड़कर बैठने से हुआ।' यह बात जेसी लिवरमोर ने कही है, जिन्हें व्यापक रूप से डे ट्रेडिंग का पितामह माना जाता है, जिन्होंने 1906 के सैन फ्रांसिस्को भूकंप और 1929 की महामंदी के दौरान बड़े पैमाने पर शॉर्ट पोज़ीशन ली थीं। यानी प्रसिद्ध डेटा

ट्रेडर लिवरमोर भी डे ट्रेडिंग और बाज़ार की टाइमिंग के ख़िलाफ़ हैं। क्या आप सचमुच उनसे बेहतर प्रदर्शन कर सकते हैं?

जेसी लिवरमोर

लिवरमोर मानते थे कि लंबी अवधि की गतिविधियों में निवेश करना ज़्यादा आसान होता है, जबकि दिन-प्रतिदिन की गतिविधियों में ट्रेडिंग करना बहुत कठिन होता है। स्पेकुलेटिव ट्रेडिंग से कैसीनो जैसा रोमांच मिल सकता है, लेकिन निवेशक अक्सर अगले दाँव में ब्लाइंड खेलता है। यह बहुत अच्छा है, बशर्ते आपको गतिविधि पसंद हो और आप मुनाफ़े की बुरी संभावनाओं से परेशान ना हों, लेकिन अगर ऐसा है, तो आप कैसीनो में क्यों नहीं जाते? निवेश में धैर्य और निष्क्रियता आपको निष्पक्ष रूप से सोचने, मोल-भाव करने और अवसर सही होने पर निवेश करने की अनुमति देती है। निवेश करें, जुआ नहीं खेलें।

बर्टन मैल्कियल ने *ए रैंडम वॉक डाउन वॉल स्ट्रीट* नामक प्रभावशाली निवेश पुस्तक लिखी है और उनका दावा है कि चार्ट या पिछले डेटा के आधार पर कोई अनुमान-योग्य अल्पकालिक पैटर्न नहीं होते हैं। टेक्नोलॉजी ने बाज़ार को अल्पकालिक तकनीकी संकेतों के लिए 'बहुत कुशल' बना दिया है। आप सोच सकते हैं कि आपको एक अनूठा संकेत मिला है,

जिसकी मदद से आप बाज़ार की टाइमिंग करके लाभ कमा सकते हैं, जबकि वास्तव में यह शुद्ध भाग्य था (आख़िरकार छोटे ट्रेडों में ऊपर या नीचे जाने की संभावना 50/50 है)। जब बहुत से लोग संकेतों का पालन करते हैं, तो संकेत स्वयं अप्रासंगिक और आत्मघाती हो जाते हैं। ऐसे में, खेल में आगे बने रहने के लिए बाज़ार के विशेषज्ञों को नई रणनीतियाँ विकसित करनी होंगी। कौशल को भाग्य समझने की ग़लती नहीं करें!

इस प्रकार, अपने लाभ के लिए समय का उपयोग करें, बाज़ार चक्रों को पहचानें, और त्वरित लाभ के लिए चक्रों को समयबद्ध करने का प्रयास न करें (विशेषकर अल्पकालिक भावनात्मक साइकल या चक्र, जिनका अनुमान लगाना कठिन है)। हालाँकि जीवन में कई चीज़ों की तरह ही यहाँ भी एक खंडन या अपवाद है। दुर्लभ परिस्थितियों में बाज़ार की टाइमिंग करना संभव है (ब्लेयर हल पर साइडबार देखें)।

अध्याय 4 : मुर्दा मछली नहीं बनें झुंड मानसिकता और तर्कहीनता के बारे में है, जो चक्रों यानी साइकल्स का एक बड़ा हिस्सा है। यह अध्याय बताएगा कि रुझानों का अनुसरण करने के बजाय स्वतंत्र कॉन्ट्रेरियन बनना आपके लिए कितना बेहतर है।

बाज़ार की टाइमिंग संभव है (खंडन के साथ)

ब्लेयर हल

ब्लेयर हल दरअसल हल ट्रेडिंग कंपनी के संस्थापक हैं, जिन्होंने इसे गोल्डमैन सैक्स को 531 मिलियन डॉलर में बेचा। इससे पहले उन्होंने कंपनी के अध्यक्ष और सीईओ के रूप में कार्य किया। *फ़ोर्ब्स* ने उन्हें 'सार्वकालिक 40 महानतम ट्रेडर्स' में स्थान दिया है। 1980 के दशक में उन्होंने अपना स्वयं का ब्लैक-स्कोल्स फ़ॉर्मूला विकसित किया तथा फ़्यूचर एंड ऑप्शन्स बाज़ार में संभावना खोजने के लिए लागू किया। उनके शोधपत्र '*प्रैक्टिशनर्स डिफ़ेंस ऑफ़ रिटर्न ऐंड प्रेडिक्टेबिलिटी*' ने बाज़ारों की टाइमिंग की संभावनाओं को रेखांकित किया और वे अपनी ख़ुद की ट्रेडिंग फ़र्म में इस रणनीति का उपयोग करते हैं। बाज़ार की टाइमिंग के बारे में वे कहते हैं :

1. ***मार्केट टाइमिंग को परिभाषित करना।*** 'इक्विटी और नक़दी की इष्टतम स्थिति होती है, जो आपके पास हर दिन होनी चाहिए और यह विभिन्न प्रकार की सूचनाओं से सामने आती है।' सीधे शब्दों में कहें तो, आप बुरे दिनों में बाज़ार से बचना चाहते हैं और अच्छे दिनों में बाज़ार में बने रहना चाहते हैं।
2. ***मार्केट टाइमिंग के ख़िलाफ़ कलंक।*** 'हर कोई कहता है कि...मार्केट टाइमिंग ख़तरनाक है। ख़ैर, यह वर्ष 2000 तक सच हो सकता है, लेकिन डेटा के इस विस्फोट, नए सरकारी डेटा, इंटरनेट और यहाँ तक कि ट्विटर और सोशल मीडिया के बाद अब हमारे पास एक ऐसी स्थिति है, जहाँ नए भविष्यसूचक विश्लेषण के साथ मार्केट टाइमिंग करना संभव है।
3. ***आपको एक बढ़त की ज़रूरत होती है।*** 'यदि आप कैसीनो में जाते हैं और आपने कार्ड नहीं गिने... तो आप हार जाएँगे और आपको नुक़सान होगा। यदि आपके द्वारा खेले जाने वाले सभी खेलों में आपको नुक़सान होता है, तो मेरी सलाह है कि यदि आप एक निवेशक हैं...तो खेलने का कोई कारण नहीं है... लोग उतार-चढ़ाव का आनंद लेते हैं। यह एक मज़ेदार खेल है। लेकिन तब नहीं, जब आप इसे वित्तीय कारणों से कर रहे हों : यदि आपके पास कोई लाभ या बढ़त नहीं है तो इससे आपको नुक़सान होगा।

4. ***इसमें बहुत सारे संसाधन लगते हैं।***" हमारे पास एक प्रोपरायट्री ईटीएफ़ है, जिसे हम एक लाभ के रूप में रखते हैं। हमारे पास एक प्रोपरायट्री ट्रेडिंग सिस्टम है जिसमें सर्वर हैं... हमारे पास कंप्यूटर हैं जो ट्रेडिंग करते हैं; हमारे यहाँ ट्रेडिंग करने वाले लोग नहीं हैं। और शिकागो एक्सचेंज में हमारे पास 25 अलग-अलग सर्वर हैं, और हम लगातार यह पता लगाने की कोशिश कर रहे हैं कि क्या इस सर्वर और रणनीति ने अपनी बढ़त खो दी है... हम हमेशा चिंता करते रहते हैं कि हमारी रणनीतियाँ अपना लाभ खो रही हैं।

इसलिए मार्केट टाइमिंग संभव है, लेकिन केवल तभी जब आपके पास दिन-रात एल्गोरिद्म पर काम करने के लिए गणित, सांख्यिकी और कंप्यूटर विज्ञान में पीएचडी धारकों की सेना हो। मार्केट टाइमिंग को प्रभावी ढंग से करने के लिए आपको बहुत सारे डेटा, कंप्यूटर सिस्टम, एक्सचेंजों से निकटता (तेज़ी से ट्रेड करने के लिए) और उन्नत सिद्धांतों की भी आवश्यकता होगी। दूसरे शब्दों में, आपको बढ़त की आवश्यकता है। इसके बिना, फ़ंडामेंटल्स पर ही क़ायम रहें।

नियम 4:

मुर्दा मछली नहीं बनें

मुर्दा मछली नहीं बनें

मुर्दा मछली केवल वहीं जाएगी, जहाँ नदी बहती है।

यही हाल उस नौसिखिये निवेशक का होता है, जो निवेश निर्णय लेने के लिए किसी दूसरे पर निर्भर रहता है, चाहे वह उनके परिवार का कोई व्यक्ति हो या कोई महारथी हो। अगर आप बाज़ार में लगातार अच्छा प्रदर्शन करना चाहते हैं, तो झुंड मानसिकता के जाल में नहीं फँसें। बाज़ार चक्रों यानी मार्केट साइकल्स का पता लगाना कठिन होता है। इसी तरह बाज़ार की भावनाओं और झुंड मानसिकता का लगातार सही पूर्वानुमान लगाना संभव नहीं होता। जो महारथी बाज़ार की भावनाओं और राय का महत्त्व जानते हैं, वे अक्सर लाभदायक कॉन्ट्रेरियन दाँव चलते हैं, जिससे उन्हें अच्छा मुनाफ़ा होता है या या, कम से कम, वे नुक़सान से बच जाते हैं।

सीएनबीसी पर *मैड मनी* के सेलिब्रिटी होस्ट जिम क्रैमर जैसे टॉक शो होस्ट हों या ब्लूमबर्ग के टिप्पणीकार – ये सभी टीवी पर आत्मविश्वास से भरपूर दिखते हैं। और ऐसा क्यों ना हो; उन्हें यही करने के लिए पैसे मिलते हैं। निवेशकों के लिए अपनी पसंद के शेयर चुनना कठिन होता है; दूसरे लोगों की बातें सुनना और मानना ज़्यादा आसान होता है। लेकिन ऐसा नहीं

है कि मशहूर लोग ग़लत नहीं होते। उदाहरण के लिए, 2000 के टेक बबल के क्रैश होने से ठीक पहले क्रैमर ने उन लोगों का मज़ाक उड़ाया, जो टेक स्टॉक नहीं ख़रीद रहे थे – जिन्होंने उनकी बात नहीं सुनी, वे तबाही से बच गए। दूसरी ओर, कोविड-19 संकट में कुछ लोगों ने सावधानी बरतते हुए बेचने की वकालत की; अन्य लोगों ने गिरावट के दौरान ख़रीदारी की। इस बार, जब फ़ेड ने तुरंत हस्तक्षेप किया, जिससे 'अवसरवादी' को फ़ायदा हुआ, लेकिन इसका मतलब यह नहीं है कि सतर्क निवेशक मूर्ख थे। आप वास्तव में किसकी बात सुन सकते हैं? ख़ुद के अलावा किसी की नहीं।

जर्नल ऑफ़ बिहेवियरल फ़ाइनैंस में प्रकाशित एक प्रयोग में विद्यार्थियों और पेशेवरों के एक समूह ने दो में से एक स्टॉक चुना, जिसके एक वर्ष तक हर सप्ताह बेहतर प्रदर्शन करने की संभावना थी। प्रतिभागियों को चयन के लिए दिए गए सभी स्टॉक ब्लू-चिप कंपनियों के थे। पूछे जाने पर छात्र अपने कौशल के प्रति 59 प्रतिशत आश्वस्त थे, जबकि पेशेवर 65 प्रतिशत आश्वस्त थे। छात्र 49 प्रतिशत समय सही निकले, जबकि पेशेवर 40 प्रतिशत समय सही साबित हुए। आश्चर्यजनक बात यह है कि जहाँ पेशेवर अपने निर्णय के बारे में 100 प्रतिशत आश्वस्त थे, वहाँ उनका अनुमान केवल 12 प्रतिशत मामलों में ही सही निकला! यानी अति आत्मविश्वास से भरे पेशेवरों के पास भी सही विकल्प चुनने की उतनी ही संभावनाएँ हैं, जितनी आपके पास हैं। उनके पास आपसे बेहतर संभावनाएँ नहीं हैं। जैसा कि अमेरिकी व्यवसायी नॉर्मन राल्फ़ ऑगस्टीन कहते हैं, 'यदि शेयर बाज़ार के विशेषज्ञ सचमुच इतने अच्छे विशेषज्ञ होते, तो वे स्टॉक ख़रीदते, अपनी सलाह नहीं बेचते।'

बाक़ी सब जो कर रहे हैं, उसी काम को करना आसान, आरामदायक, आलसी और ग़लत है। झुंड मानसिकता का एक फ़ायदा यह होता है कि जब भी निवेश में गड़बड़ होती है, तो आपको तसल्ली रहती है कि आपको अकेले ही नुक़सान नहीं हो रहा है; सबको नुक़सान हो रहा है। लेकिन झुंड मानसिकता लंबे समय में हमेशा लाभदायक नहीं हो सकती। यदि आपने दूसरों की सलाह पर कोई निवेश ख़रीदा है, तो आपको कैसे पता चलेगा कि बेचने का सही समय कब है या किस परिवर्तन से आपकी अवधारणा विफल हो जाएगी और आपको बेच देना चाहिए? अगर आप अपने शेयर

ख़ुद नहीं चुनते हैं, तो आप कभी भी अपनी ग़लतियों से नहीं सीख सकते और निवेश में महारथी नहीं बन सकते।

कॉन्ट्रेरियन होने पर ह्यू हेंड्री

ह्यू हेंड्री

स्कॉटलैंड के निवेशक ह्यू हेंड्री एक्लेक्टिका एसेट मैनेजमेंट के संस्थापक भागीदार और सीआईओ रहे हैं। वे मशहूर हो गए, जब 2008 के वित्तीय संकट के दौरान उन्होंने 31.2 प्रतिशत रिटर्न दिया। जब ज़्यादातर लोग नुक़सान झेल रहे थे, तब उन्होंने बाज़ार की आम सहमति के ख़िलाफ़ जाकर मुख्य कॉन्ट्रेरियन की छवि बनाई। उन्होंने यह कैसे किया?

हेंड्री ने कहा : 'मुझे लगता है कि मैं उन कुछ सीआईओ में से एक हूँ, जो निवेश बैंकरों और उनकी विशेषज्ञ हेज फ़ंड बिक्री टीम के साथ दैनिक पत्राचार नहीं करते हैं। मैं उस तरह की 'बढ़त' की तलाश नहीं कर रहा हूँ। एक्लेक्टिका फ़ंड (उनका फ़ंड) स्वीकृत विश्वास तंत्रों के बाहर के क्षेत्र में

रहता है,' वे आगे कहते हैं, 'मैं अपनी खुद की अंतर्दृष्टियाँ विकसित करने और वैश्विक मैक्रो रुझानों की जोखिम भरी अनिश्चितता को पहचानने का प्रयास करता हूँ। सबसे पहले और सबसे महत्त्वपूर्ण बात, मैं हमेशा इस धारणा से ग्रस्त रहता हूँ कि मेरे पास इसका उत्तर नहीं है।'

हेंड्री ने उन तीन घटकों को परिभाषित किया, जो उन्हें एक उत्कृष्ट मैक्रो हेज फ़ंड मैनेजर बनाते हैं :

1. ***साहसिक कॉन्ट्रेरियन :*** सफल लेकिन विवादास्पद मैक्रो जोख़िम लेना - यही वास्तविक कुंजी है। इसका मतलब है, व्यापक वित्तीय समुदाय जिस पर विश्वास करता है, उसके विपरीत विवादास्पद विश्वास करने की क्षमता।
2. ***अनुकूल जोख़िम/पुरस्कार संतुलन :*** अगर धारणा सही है तो रिटर्न की उच्चतम संभावना वाली एसेट केटेगरी चुनें, हालाँकि यह ऐसी होनी चाहिए कि मूल धारणा ग़लत साबित होने पर भी घाटा न्यूनतम रहे।
3. ***मजबूत जोख़िम प्रबंधन :*** कहानी बताना घाटे की रोकथाम करने वाली सर्वोत्तम जोख़िम तकनीक है, जिससे जल्दी ही घाटे को रोक लिया जाता है। **अध्याय 9 : पैसा नहीं गँवाएँ** में इस पर अधिक जानकारी दी गई है।

मिस्टर मार्केट से मिलें

मूल्य निवेश के जनक बेंजामिन ग्राहम ने *द इंटेलिजेंट इन्वेस्टर* में मिस्टर मार्केट की प्रसिद्ध उपमा दी। इसमें उन्होंने बताया कि बाज़ार की भावनाओं में उतार-चढ़ाव कॉन्ट्रेरियन्स की कैसे और क्यों मदद कर सकते हैं :

कल्पना करें कि मिस्टर मार्केट नामक एक अस्थिर व्यक्ति आपका बिज़नेस पार्टनर है। आप जानते हैं कि आपके व्यवसाय का मूल्य लगभग 1,000 डॉलर प्रति शेयर है। हर दिन मिस्टर मार्केट आपके शेयर ख़रीदने या अपने शेयर बेचने के लिए एक मूल्य बताता है। कभी-कभी, मिस्टर मार्केट बहुत अच्छे मूड में होता है, इसलिए यह आपके शेयरों को व्यवसाय के मूल्य से कहीं अधिक क़ीमत (2,000 डॉलर) पर ख़रीदने का प्रस्ताव रखता

है। अन्य समय में, मिस्टर मार्केट उदास महसूस करता है और अपने शेयर बेहद कम क़ीमत (500 डॉलर) पर बेचने की पेशकश करता है। आपको निर्णय लेना होता है कि आप ख़रीदना चाहते हैं, बेचना चाहते हैं या कुछ नहीं करना चाहते।

आप मिस्टर मार्केट के साथ कैसे व्यापार करना चाहेंगे? स्पष्टत: जब मिस्टर मार्केट 500 डॉलर की पेशकश करे, तो आपको व्यवसाय के शेयर ख़रीद लेने चाहिए और जब मिस्टर मार्केट 2,000 डॉलर का भाव बताए, तो आपको अपने शेयर बेच देने चाहिए। देखिए, मिस्टर मार्केट शेयर बाज़ार (या कोई अन्य बाज़ार, जैसे रियल एस्टेट, कमोडिटीज़, आदि) है!

निवेशकों के दृष्टिकोण के आधार पर आशावाद और निराशावाद बाज़ार के वैल्युएशन को बहुत अधिक या बहुत कम कर सकते हैं। यदि आप **अध्याय 3 : मार्केट साइकल्स** का सम्मान करें में दिए गए पीई चार्ट को देखें, तो एक नया निरपेक्ष बुल मार्केट शुरू होने से पहले व्यापक बाज़ार का वैल्युएशन अक्सर 50 प्रतिशत या इससे अधिक गिर सकता है। लेकिन बाज़ार में ग़लत मूल्य निर्धारण केवल वित्तीय संकट में ही नहीं होता है; सामान्य समय में भी व्यक्तिगत निवेशों की अक्सर ग़लत क़ीमत लगाई जा सकती है। ग्राहम ने इस बिंदु को स्पष्ट करने के लिए जनरल इलेक्ट्रिक (जीई) के भाव में परिवर्तनों का इस्तेमाल किया। बाज़ार में क़ीमतों में उतार-चढ़ाव को समझाने के लिए हम मौजूदा लोकप्रिय स्टॉक एपल का उपयोग करेंगे।

1 सितंबर, 2020 को एपल का मार्केट कैपिटेलाइज़ेशन 2 ट्रिलियन डॉलर था - दुनिया की सबसे मूल्यवान कंपनी। 2020 के पहले आठ महीनों में एपल का स्टॉक 300 डॉलर से 220 डॉलर तक हुआ और फिर 460 डॉलर तक पहुँच गया। एपल का मूल्य एक ट्रिलियन डॉलर से अधिक कैसे बढ़ गया, जबकि इसके व्यवसाय संचालन में महत्त्वपूर्ण परिवर्तन नहीं हुए? क्या वास्तव में एपल का कारोबार पहले कम हुआ और फिर दोगुना हो गया? हालाँकि एपल अब भी बहुत सारे आईफ़ोन बेचता है, लेकिन व्यवसाय में दरअसल कुछ भी ऐसा नहीं है, जो निवेशकों को चौंका दे (हालाँकि टिम कुक शानदार प्रबंधन कर रहे हैं)। उत्तर :

मूल्य (अनुमानित मूल्य) = मूल्य।

हालाँकि व्यवसाय संचालन हर दिन नहीं बदलता है, लेकिन व्यवसाय की संभावनाओं के बारे में बाज़ार की धारणा बाज़ार की भावनाओं और तर्कहीनता से प्रभावित होती है, जिससे महारथियों को अवसर मिलते हैं। चक्रों के शिखर और गर्त में मिस्टर मार्केट लालच और भय की अत्यधिक भावनाओं को महसूस करता है। यदि आप जानते हैं कि बाज़ार कभी-कभार तर्कहीन होगा, तो आप मिस्टर मार्केट के साथ व्यापार कर सकते हैं - कम दाम पर ख़रीदें और ऊँचे दाम पर बेचें! जैसा कि वॉरेन बफ़ेट कहते हैं : 'जब दूसरे लालची हों तो भयभीत रहें और जब दूसरे भयभीत हों तो लालची बनें।' भावनात्मक लालच और डर अक्सर क़ीमत को वाजिब दाम से ऊपर और नीचे ले जाते हैं। शांत और वस्तुनिष्ठ रहकर आप भय और लालच (दीर्घकालिक) के चक्रों का लाभ उठा सकते हैं।

जैक बोगल, इंडेक्स इन्वेस्टिंग के पितामह

जैक बोगल

निवेश महारथी जैक सी. बोगल वैनगार्ड समूह के संस्थापक और सीईओ थे और उन्हें सबसे पहला इंडेक्स फ़ंड बनाने का श्रेय दिया जाता है। बोगल

ने निवेश को स्पेकुलेशन से ज़्यादा महत्त्वपूर्ण माना। उन्होंने अल्पकालिक गतिविधियों के बजाय दीर्घकालिक धैर्य की सीख दी। उन्होंने 10 अध्यायों में से ज़्यादातर का अच्छा अभ्यास किया। निवेश में उनके तीन सबसे महत्त्वपूर्ण सिद्धांत यहाँ दिए गए हैं :

1. ***लागत हर जगह मायने रखती है :*** उनका सूत्र सरल है : 'नेट रिटर्न वह है, जो सकल मार्केट रिटर्न में से वित्तीय मध्यस्थता की लागत घटाने पर बचता है।' लंबे समय में, औसत स्टॉक म्यूचुअल फ़ंड 7 प्रतिशत रिटर्न देता है। जब सभी शुल्क घटा दिए जाते हैं, तो शुद्ध रिटर्न गिरकर 4.5 प्रतिशत तक पहुँच जाता है। 'यदि लागत से पहले बाज़ार को हराना ज़ीरो-सम गेम है, तो लागत घटाने के बाद यह पराजितों का खेल है।'
2. ***स्पेकुलेशन की क़ीमत हर किसी को चुकानी पड़ती है :*** बोगल की गणना के अनुसार, लगभग 99.2 प्रतिशत बाज़ार निवेश के विपरीत सट्टेबाज़ी यानी स्पेकुलेशन की प्रवृत्ति रखता है, जबकि निवेश में कंपनियाँ और व्यक्ति नैनोसेकंड के बजाय वर्षों तक स्थिति बनाए रखते हैं। स्पेकुलेटर्स को हराने की कोशिश नहीं करें। कंपनियों के आंतरिक 'उद्यम' मूल्य में निवेश करें और उनका डिविडेंड बटोरें। कम लागत वाले इंडेक्स फ़ंड खोजें, जो बड़ी कंपनी, विशिष्ट देश के इंडेक्स, विशेष उद्योग पर फ़ोकस करने वाले इंडेक्स जैसे निवेश उत्पादों का प्रतिनिधित्व कर सकें।

बुनियादी नियम नहीं बदलते। फ़ंड प्रबंधकों के लिए कुछ वर्ष भाग्यशाली हो सकते हैं, लेकिन उनका रिटर्न अंततः बाज़ार के औसत पर वापस आ जाता है। पिछले साल के रिटर्न के आधार पर निवेश नहीं करें। बाज़ार में हमेशा जोख़िम रहता है; बाज़ार में टाइमिंग करके अपना जोख़िम ना बढ़ाएँ। जैसे-जैसे आपकी उम्र बढ़ती है, अपने स्टॉक आवंटन को समायोजित करें - आपके पास मौजूद बांड का प्रतिशत लगभग आपकी उम्र से मेल खाना चाहिए, क्योंकि मान्यता यही है कि लोगों की उम्र बढ़ने के साथ-साथ उनके जोख़िम उठाने की क्षमता हम हो जाती है।

अपने साधन खोजें

बाज़ार औसत पर लौट आते हैं – यह बाज़ार के भावनात्मक चक्रों की एक आवश्यक मान्यता और सह–उत्पाद है। यह वित्तीय शब्दावली बताती है कि क़ीमतें चाहे बहुत अधिक हों या कम, लेकिन अंततः उन्हें उचित, औसत मूल्य पर वापस लौटना होगा। यह वैल्यू इनवेस्टिंग का एक केंद्रीय सिद्धांत है, जो सस्ते भाव पर स्टॉक ख़रीदने और यह उम्मीद करने पर निर्भर करता है कि क़ीमत मूल्य के अनुरूप होगी। आप इसे पिछले अध्याय के मार्क्स ग्राफ़ में भी देख सकते हैं, जहाँ चक्र दीर्घकालिक विकास रेखा के ऊपर–नीचे जाता है।

बॉब फ़ैरेल

मेरिल लिंच ऐंड कंपनी के प्रसिद्ध अर्थशास्त्री बॉब फ़ैरेल मानते हैं कि अस्थिरता यानी वोलेटिलिटी बाज़ार का स्वाभाविक हिस्सा है। हालाँकि

ग्राहम के अधीन मौलिक विश्लेषण से शुरुआत करने वाले फ़ैरेल ने अपने निवेश निर्णयों में एक और विश्लेषण की भी मदद ली। बाज़ार मनोविज्ञान का विश्लेषण करने के लिए उन्होंने तकनीकी विश्लेषण का उपयोग भी किया। उन्होंने देखा कि बाज़ार तर्कसंगत कम, तर्कहीन अधिक है और अक्सर एक दिशा से दूसरी दिशा की ओर बढ़ जाता है – अधिक मूल्य से कम मूल्य की ओर जाता है, और इसके विपरीत। इसके अलावा, भावनाओं के कारण बाज़ार में होने वाला अतिरेक स्थायी नहीं होता, लेकिन बहुत से निवेशक ग़लत समय पर ख़रीदने या बेचने की ग़लती करते हैं – जैसे कि फ़ोमो ('छूटने के डर') के कारण बुल मार्केट के तीसरे चरण में ख़रीदारी करना। संक्षेप में, आप (आपका भावनात्मक स्वरूप) आपका सबसे बड़ा शत्रु है।

महारथी बाज़ार की भावनाओं में नहीं बहते। इसके बजाय निवेशकों को स्वतंत्र रूप से सोचना चाहिए और बाज़ार की अति-प्रतिक्रियाओं से फ़ायदा उठाना चाहिए। परिसंपत्तियाँ अंततः लंबे समय में अधिक तर्कसंगत, स्वीकार्य 'उचित' मूल्य पर वापस आ जाएँगी, हालाँकि अल्पावधि में भावनात्मक ग़लत मूल्य निर्धारण की जीत होगी। जैसे-जैसे निवेशक अपने विचारों को एकतरफ़ा करते हैं, कुछ स्मार्ट निवेशक समझ जाएँगे कि परिसंपत्तियों की क़ीमत और मूल्य में इतना अंतर आ गया है कि यह उनके लिए ख़रीदने या बेचने के अच्छे अवसर प्रदान करता है। आख़िरकार, बाज़ार को उचित क़ीमत मिल जाएगी।

बीएफ़एफ़ : भावना और दीर्घकालिक चक्र

2008 में बफ़ेट ने प्रसिद्ध रूप से किसी भी सक्रिय फ़ंड मैनेजर से एक मिलियन-डॉलर की शर्त लगाने का प्रस्ताव रखा। शर्त यह थी कि वह मैनेजर 10 वर्षों में मार्केट इंडेक्स फ़ंड को हरा दे। प्रोटेजी पार्टनर्स नामक हेज फ़ंड ने यह शर्त कुबूल कर ली। 2015 तक उनके सह-संस्थापक टेड सीड्स ने हार मान ली, क्योंकि वे इंडेक्स के मुकाबले कमज़ोर प्रदर्शन कर रहे थे। इतिहास कोई आश्चर्य नहीं दिखाता। दलबार के 2017 के अध्ययन में पाया गया कि एसऐंडपी 500 मार्केट इंडेक्स लगातार सक्रिय निवेश फ़ंड से बेहतर प्रदर्शन करता है :

सक्रिय निवेशक पिछड़ गए?

इक्विटी फ़ंड बनाम एसऐंडपी 500 प्रदर्शन, 31 दिसंबर 2016 पर समाप्त

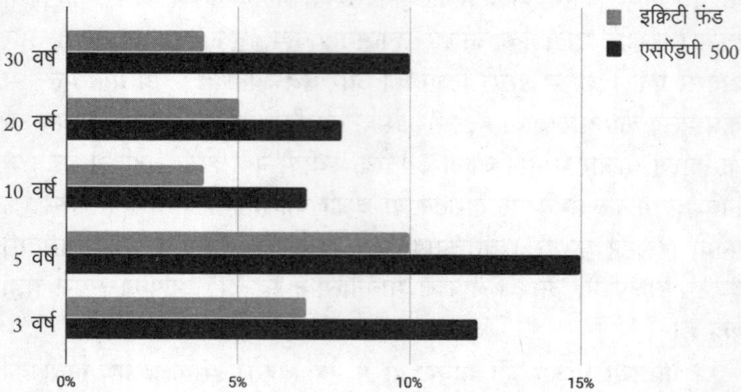

समय सीमा चाहे जो हो, इक्विटी फ़ंड का रिटर्न एसऐंडपी 500 से काफ़ी पीछे रहता है। यह निश्चित आय फ़ंड या यहाँ तक कि निष्क्रिय इंडेक्स फ़ंड निवेशकों पर भी लागू होता है, और इसी कारण जैक बोगल ने वैनगार्ड ग्रुप की स्थापना की। निवेशक बाज़ार को हराने में इतने बुरे कैसे हो सकते हैं?

दलबार ने निवेशक प्रदर्शन में इस दीर्घकालिक अंतर के लिए तीन मुख्य कारकों को ज़िम्मेदार ठहराया : मनोवैज्ञानिक कारक/बाज़ार की भावनाएँ (50 प्रतिशत), निवेश के लिए पूँजी की कमी (25 प्रतिशत) और अन्य उद्‌देश्यों के लिए पूँजी की आवश्यकता (25 प्रतिशत)। जैसा कि आप देख सकते हैं, प्राथमिक मुद्‌दा भावनात्मक ग़लतियाँ और पूँजी की कमी है, जहाँ भावनाओं को निर्णय लेने की अनुमति दी जाती है और ग़लत समय पर पूँजी का उपयोग किया जाता है। दूसरे शब्दों में, लोग स्वयं ही अपने सबसे बड़े शत्रु होते हैं। पिछले अध्याय में हम देख चुके हैं कि बाज़ार में निवेश की टाइमिंग करना एक बुरा विचार है, लेकिन भावनात्मक कारक अक्सर निवेशकों को ग़लत समय पर ट्रेडिंग करने के लिए प्रेरित करते हैं। आइए औसत निवेशक जिम की कल्पना करें, जो नौ से पाँच की नौकरी करता है और उसके निवेश ख़ाते में 2,00,000 डॉलर जमा हैं।

बाज़ार कई कारणों से ऑल-टाइम हाई पर है (उदाहरण के लिए, कम ब्याज दरें, अच्छी अर्थव्यवस्था, कोई महामारी नहीं)। जिम कई और स्टॉक ख़रीदता है और वे भी ऊपर चले जाते हैं। जिम अपनी पीठ थपथपाता है और स्मार्ट निवेश करने के लिए खुद को बधाई देता है। वह अपने आप से कहता है, 'बहुत बढ़िया, मैंने एक महीने में 10 प्रतिशत कमाई कर ली। जो लोग इसे बुलबुला मानते हैं, वे सब ग़लत हैं। यह बाज़ार किसी तरह से नहीं गिर सकता। मुझे ख़रीदना और रोककर रखना पसंद है!''

जब वित्तीय संकट अनिवार्य रूप से आता है और जिम देखता है कि उसकी जीवन भर की बचत का 40 प्रतिशत नष्ट हो गया है, तो वह खुद से कहता है : 'हे भगवान। मुझे 40 प्रतिशत का नुक़सान हो गया, क्योंकि मैं लंबे समय तक होल्ड करने के बारे में कुछ बुरी सलाह सुनकर उसका पालन करने लगा था। मुझसे अब और बर्दाश्त नहीं होता! अगर बाज़ार और भी गिर गया, तो क्या होगा? बेहतर होगा कि जो 60 प्रतिशत बचा है, मैं उसे ही निकाल लूँ, ताकि मैं अपने बच्चों की ट्यूशन और अपने रिटायरमेंट के लिए भुगतान कर सकूँ। मैं इस बात पर भरोसा नहीं कर सकता कि बाज़ार में फिर से उछाल आएगा, जैसा कि अतीत में हुआ है।'

औसत निवेशक जिम हमें दिखाता है कि भावनाएँ कितनी आसानी से विवेक पर हावी हो जाती हैं। आख़िरकार, हम उसके रिटायरमेंट फ़ंड के बारे में बात कर रहे हैं। बुल मार्केट में जिम सही हो सकता है और रैली जारी रहती है; वह अपने शेयरों को बेचने के मामले में भी सही हो सकता है, क्योंकि बाज़ार दोबारा उठने से पहले और गिरता है। समस्या यह है कि भावनाएँ अक्सर स्थिति को तर्कसंगत बनाती हैं और निवेश सोच पर हावी हो जाती हैं, हालाँकि ऐसा नहीं होना चाहिए। परिणाम जिम के अस्थिर निर्णय को उचित नहीं ठहराते हैं और उसे भावनात्मक चक्रों की वजह से अपने निवेश के तरीक़े को नहीं बदलना चाहिए।

महारथी यह बात जानते हैं कि बाज़ार हमेशा औसत की ओर लौटता है; वे यह भी मानते हैं कि सभी निवेशक मानव मनोविज्ञान में निहित भावनात्मक दोषों से ग्रस्त होते हैं (**अध्याय 16 : मस्तिष्क पर ध्यान दें**)। जब बाज़ार चरम पर पहुँच जाए, तो घबराएँ नहीं। इसके बजाय ऐसे अवसर ढूँढ़ें, जहाँ आप लोगों की भावनात्मकता का उपयोग कर सकें।

महारथी स्वतंत्र रहने के महत्त्व को जानते हैं, इसलिए वे हमेशा दूसरों की सलाह को नजरअंदाज़ करते हैं, चाहे वे लोग कितने भी भरोसेमंद क्यों न हों। बिना जाँच-पड़ताल किए कोई निर्णय ना लें। यदि महारथी झुंड के साथ दौड़ते हैं, तो वे ऐसा सचेत रूप से करते हैं – मुर्दा मछली नहीं बनें! महारथी बाज़ार की अक्षमताओं का पता लगाकर और कॉन्ट्रेरियन निवेश करके लाभ कमाते हैं, जब दूसरे किसी निवेश के मूल्य को बहुत ग़लत आँकते हैं।

अध्याय 5 : धर्म खोजें यह पता लगाएगा कि कैसे प्रसिद्ध महारथी अपने विचारों के बारे में अत्यधिक दृढ़ विश्वास हासिल करते हैं और आपको भी ऐसा क्यों करना चाहिए।

नियम 5 :

धर्म की तलाश करें

कोई आपको जो कुछ भी बताता है, उसमें आँख मूँदकर निवेश करना मूर्खतापूर्ण है। यह किसी बंदर की आँखों पर पट्टी बाँधकर उससे बुल्स आई पर प्रहार करने को कहने जैसा है। हमने अध्याय 3 और अध्याय 4 में बाज़ार चक्रों और भावनाओं के बारे में बात की थी; वे आपके नियंत्रण से बाहर हैं, हालाँकि आप उन्हें महसूस कर सकते हैं और उन पर प्रतिक्रिया कर सकते हैं। **अध्याय 5 : धर्म की तलाश** करें का मतलब बाज़ार के ख़िलाफ़ नियंत्रण और बढ़त हासिल करना है। इसका मतलब यह है कि अपने पैसे को जोख़िम में डालने से पहले धर्म जैसा दृढ़ विश्वास होना चाहिए। महारथी कभी भी आधे-अधूरे मन से निवेश नहीं करते; वे अपने निवेश में पूरा विश्वास रखते हैं, जैसे कि वे किसी धर्म के कट्टर अनुयायी हों। हालाँकि वित्तीय मुनाफ़ा कमाने के कई रास्ते हैं, लेकिन सभी महारथियों के पास धर्म की तलाश के लिए अपनी स्वयं की प्रणाली है, जिससे उन्हें यह विश्वास मिलता है कि उनका निर्णय सही है। 'धर्म' के बिना आप बाज़ार में निवेशक नहीं, बल्कि केवल सट्टेबाज़ या ट्रेडर ही कहला सकते हैं।

अपना होमवर्क करें

यह कोई संयोग नहीं है कि जिम रॉजर्स और जॉर्ज सोरोस द्वारा सह-प्रबंधित क्वांटम फ़ंड ने 1970 और 1980 के दशक के बीच 4,200 प्रतिशत का मुनाफ़ा कमाया। इस तरह का रिटर्न सिक्का उछालने से नहीं मिलता, ना ही यह उम्मीद करने से मिलता है कि बाज़ार आपकी आशा के अनुरूप काम करेगा। इतना बड़ा रिटर्न तो तब मिलता है, जब आपके पास संभावित निवेशों का विश्लेषण करने की एक व्यवस्थित प्रणाली हो। रॉजर्स ने एक बार कहा था, 'यदि आप एन्युअल रिपोर्ट पढ़ते हैं, तो आपने वॉल स्ट्रीट के 90 प्रतिशत से अधिक लोगों से ज़्यादा काम कर लिया है। यदि आप एन्युअल रिपोर्ट के नोट्स पढ़ते हैं, तो आप 95 प्रतिशत से अधिक लोगों से ज़्यादा काम कर लेते हैं। यदि आप एन्युअल रिपोर्ट पर एक स्प्रेडशीट बनाई है, तो आपने 98 प्रतिशत से अधिक काम कर लिया है।'

सोरोस और रॉजर्स फ़ंडामेंटल एनालिसिस में पारंगत हैं। वे बाज़ार चक्र और भावनाओं को समझते हैं। वे एक क़दम आगे जाकर निवेश को ख़ज़ाने की खोज जैसा मानते हैं, इसलिए वे उन संकेतों और अवसरों की तलाश करते हैं, जिन्हें बाज़ार नहीं पकड़ पाया है। उनके प्रदर्शन का राज़ यह है कि उनके पास मैक्रो-ट्रेंड का विश्लेषण करने, सामान्य निवेशक व्यवहार को पहचानने और इसके विरुद्ध काम करने की एक व्यवस्थित पद्धति है।

जिम रॉजर्स

1960 के दशक के बाद जापान की अर्थव्यवस्था के आगे बढ़ने से पहले रॉजर्स इसे भाँपने वाले पहले निवेशकों में से एक थे। 1990 के 'खोए हुए दशक' तक जापान अमेरिकी अर्थव्यवस्था के लिए संभावित चुनौती बन गया। उभरते बाज़ारों में निवेश करने का रॉजर्स का जुनून पूरे एशिया, विशेषकर चीन तक फैला हुआ है। इसी कारण वे 2007 में अपने परिवार को न्यू यॉर्क से सिंगापुर ले गए। एशियाई बाज़ारों में रॉजर्स का विश्वास इतना मजबूत था कि वे एक नए शहर और परिवेश में बसने के लिए पूरी दुनिया में कहीं भी जाने को तैयार थे। इस क़दम से उन्हें एशिया में किए जाने वाले किसी भी निवेश पर अपना विश्वास मजबूत करने में मदद मिली, क्योंकि वे बाज़ारों, संस्कृतियों और उपभोक्ता व्यवहारों को ज़्यादा अच्छे ढंग से समझ सकते थे।

उन कई शुरुआती लोगों के बारे में सोचें, जो आजकल रॉबिनहुड पर ट्रेडिंग करते हैं। एक बटन क्लिक करके 'निवेशक' बनना बहुत आसान है, लेकिन उनमें से कितने लोगों ने सावधानीपूर्वक विश्लेषण किया है (बाज़ार, कंपनी, उत्पाद और कमाई की संभावना पर), जिससे उन्हें यह दृढ़ विश्वास हो कि उन्होंने सही शेयर चुना है? या 2017 में बिटकॉइन हाइप के बारे में सोचें, जब कुछ लोगों ने लगभग 19,000 डॉलर के शिखर पर ख़रीदारी की थी, हालाँकि उन्हें यह तक पता नहीं था कि क्रिप्टोकरेंसी कैसे काम करती है। सैन, टिम और इया ने निश्चित रूप से उन मित्रों की कई कहानियाँ सुनी हैं, जिन्हें यह जानकारी नहीं थी कि वे किसमें निवेश कर रहे हैं, लेकिन इसके बावजूद उन्होंने बड़े दाँव लगाए और घाटा झेला।

अपना होमवर्क करें – निवेशक के लिए बुनियादी बातें

होमवर्क किए बिना आप हमेशा सट्टेबाज़ या स्पेकुलेटर बने रहेंगे। निवेश विश्लेषण की अपनी पद्धति विकसित करने के साथ-साथ इसका परीक्षण करते रहें। इससे आप समय के साथ धीरे-धीरे अपने सिस्टम में विश्वास हासिल कर लेंगे और अगले संभावित टेन-बैगर्स को ढूँढ़ लेंगे।

अनगिनत महारथियों ने एक के बाद एक किताबें लिखी हैं और निवेशकों को सिखाया है कि वे निवेश का विश्लेषण कैसे करें। उन गुणों की एक बहुत लंबी सूची है, जिनकी तलाश आपको संभावित निवेशों का

विश्लेषण करते समय करनी चाहिए – वास्तव में, इतने सारे कि उन सभी को एक पुस्तक में बताना असंभव होगा। बहरहाल, अपना धर्म खोजने और अपना होमवर्क करने की प्रक्रिया वास्तव में दो चीज़ों को समझने के बारे में है : किसी निवेश का 1) गुणात्मक मूल्यांकन और 2) संख्यात्मक मूल्यांकन। दोनों का विश्लेषण करने के बाद आप किसी निवेश के संभावित रिटर्न और उसमें निवेश करने के उचित मूल्य का पता लगा सकते हैं।

गुणात्मक विश्लेषण

जैसा कि नाम से स्पष्ट है, व्यवसाय की आकर्षक विशेषताओं को खोजना गुणात्मक विश्लेषण कहलाता है। निवेशक के रूप में आप ऐसे व्यवसाय मॉडल में निवेश करना चाहेंगे, जो उनकी आमदनी को लगातार बढ़ा सके और उनके ख़र्चों का इस तरह प्रबंधन कर सके, ताकि शुद्ध लाभ अधिकतम हो। आप जल्द ही पाएँगे कि प्रत्येक प्रकार के निवेश में ऐसी कई चीज़ें हैं, जिनके बारे में आप सोच सकते हैं और उनका विश्लेषण कर सकते हैं। हालाँकि मजबूत ब्रांड, स्वस्थ वितरण चैनल और प्रौद्योगिकी लाभ जैसे कई गुणों को अक्सर निवेशक पसंद करते हैं। ये गुण निवेश को एक ज्ञात 'प्रतिस्पर्धी लाभ' देते हैं, जिससे किसी कंपनी या निवेश के लिए बढ़ना और अधिक आय व मुनाफ़ा उत्पन्न करना आसान हो जाता है।

एक महत्त्वपूर्ण गुण को बहुत पसंद किया जाता है। इसे खंदक (प्रवेश की बाधा) कहा जाता है। यह खंदक पेटेंट संरक्षण, ब्रांड नेम, बड़े पैमाने की अर्थव्यवस्था या नेटवर्क परिणाम हो सकती है, जिससे नए खिलाड़ी प्रतिस्पर्धा में नहीं उतरते हैं। एमेज़ॉन की मजबूत डिलीवरी क्षमताओं और उत्पाद पेशकशों के बारे में सोचें। ये एक ऐसी खंदक बनाते हैं, जिसकी नक़ल प्रतिस्पर्धी नहीं कर सकते। फ़ेसबुक के 2.7 अरब उपयोगकर्ता आधार के बारे में सोचें; फ़ेसबुक नेटवर्क से प्रतिस्पर्धा करना किसी भी नई सोशल नेटवर्किंग साइट के लिए कठिन होगा। एपल और आईओएस ईकोसिस्टम के बारे में सोचें; आईक्लाउड/आईमैसेज और अन्य सभी कार्यों के बारे में सोचें, जिनसे उपयोगकर्ताओं के लिए प्लेटफ़ॉर्म स्विच करना लगभग असंभव हो जाता है। खंदक किसी निवेश के जोख़िम को कम करती है और आमदनी व मुनाफ़े में वृद्धि की अधिक संभावना दर्शाती है।

संक्षेप में, आप अच्छे गुणों (जैसे, प्रतिस्पर्धात्मक लाभ, ब्रांड) वाले निवेश की तलाश में हैं। एंथोनी बोल्टन पर एक और साइडबार है। इसमें कुछ ऐसे गुण बताए गए हैं, जिनकी तलाश महारथी अपने निवेश में करते हैं। गुणवत्तापूर्ण निवेश लंबी अवधि में अच्छा प्रदर्शन करेगा और आपको हर पल इसके बाज़ार भाव को देखने की ज़रूरत नहीं होगी।

संख्यात्मक विश्लेषण

संख्यात्मक विश्लेषण आपके लिए जो सबसे महत्त्वपूर्ण कार्य कर सकता है, उनमें से एक है मूल्यांकन – उचित मूल्य की सीमा तय करना, जिस पर आपको निवेश करना चाहिए। संख्यात्मक विश्लेषण किसी निवेश के वित्तीय स्वास्थ्य को समझना चाहता है और यह पता लगाना चाहता है कि यह कितना महँगा है। इसके लिए यह संबंधित संख्याओं का विश्लेषण करता है – फ़ाइनैंशियल स्टेटमेंट, आमदनी में वृद्धि, सक्रिय ग्राहकों की संख्या, बेचे गए उत्पाद की संख्या आदि। निम्नलिखित सूची तीन फ़ाइनैंशियल स्टेटमेंट्स का संक्षिप्त परिचय प्रदान करती है (किसी भी व्यवसाय का विश्लेषण करने के लिए उपयोगी) :

1. ***बैलेंस शीट*** कंपनी की वित्तीय स्थितियों का एक स्पष्ट चित्र प्रदर्शित करती है। इससे तुरंत पता चल जाता है कि किन संपत्तियों को तुरंत नक़दी में बदला जा सकता है, कंपनी पर कितना पैसा बक़ाया है और इसकी नेट वर्थ यानी कुल संपत्ति कितनी है। आपको कंपनी की तरलता के बारे में भी पता चलता है, जो अर्थव्यवस्था में गिरावट के चक्र झेलने के लिए लचीलापन प्रदान करती है, शेयरधारकों को डिविडेंड का भुगतान करती है, बाईबैक करने की अनुमति प्रदान करती है और भविष्य के अवसरों का लाभ उठाने में सक्षम बनाती है। किसी अच्छी कंपनी या निवेश के पास मजबूत बैलेंस शीट होगी, ताकि वह अपनी भविष्य की निवेश आवश्यकताओं और दायित्वों को पूरा कर सके। यदि कंपनी पर उसकी क्षमता से कहीं अधिक कर्ज़ है, तो निवेश को 'नहीं' कहें।

2. ***इनकम स्टेटमेंट्स*** आपको बताते हैं कि कंपनी एक निश्चित अवधि में कितना पैसा कमाती है और कितना ख़र्च करती है। यदि किसी कंपनी की बैलेंस शीट मजबूत है, तो आप इनकम स्टेटमेंट को घटकों में विभाजित करना चाहेंगे और विकास के रुझान का विश्लेषण करना चाहेंगे। अच्छा संकेत तब होता है, जब आमदनी, मार्जिन और मुनाफ़ा लगातार बढ़े, जबकि लागत को सावधानीपूर्वक नियंत्रित किया जाए।
3. ***कैशफ़्लो स्टेटमेंट*** किसी कंपनी में आने या जाने वाली नक़दी (और नक़दी-समकक्ष) को दर्शाता है। इससे पता चलता है कि कंपनी वास्तव में कितनी नक़दी उत्पन्न करती है - वह धन जो वास्तव में इसके ऋण दायित्वों और अन्य परिचालन व्यय को पूरा करने के लिए कंपनी के अंदर आ रहा है और बाहर जा रहा है।

संख्या से पहले गुणवत्ता

शार्क टैंक का एपिसोड देखें, जिससे आपको पता चल जाएगा कि कोई निवेशक किसी व्यवसाय के बारे में कितने अलग-अलग तरीक़ों से सोच सकता है। स्टार्टअप तेज़ी से बढ़ सकता है, लेकिन बहुत सारी नक़दी ख़र्च कर देता है। प्रबंधन लेखांकन मानकों में हेरफेर कर सकता है। अद्भुत निवेश आपके चारों ओर हैं; बहुत सारे बुरे निवेश भी हैं। महान निवेशक सभी 'सबसे आकर्षक' विचारों के बारे में गंभीरता से सोचते हैं और अच्छे व्यवसायों में अपना पैसा लगाने का निर्णय लेते हैं।

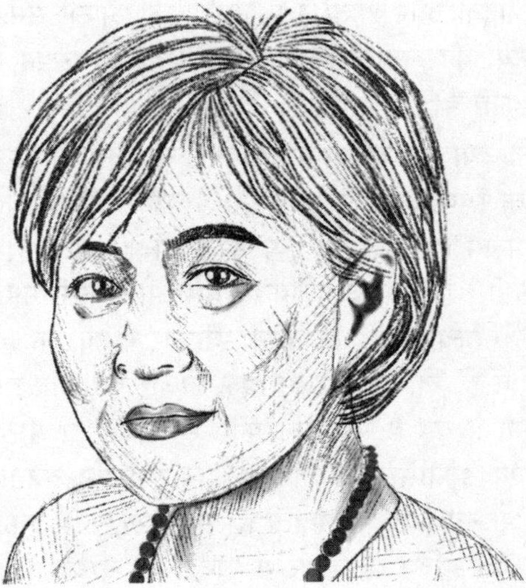

कैथी जू

कैथी जू वेंचर कैपिटल की महारानी हैं और **अध्याय 1 : ख़ुद को जानें** में हमने उनका परिचय दिया था। 2005 में कैपिटल टुडे की स्थापना के बाद से उन्होंने 80 कंपनियों में निवेश किया है, जिनमें से 17 कंपनियाँ चीन में नंबर-वन ब्रांड बन गई हैं, जिनमें कई यूनिकॉर्न (एक अरब डॉलर से अधिक के वैल्युएशन वाली निजी कंपनियाँ) शामिल हैं। उनकी निरंतर सफलता को हम केवल भाग्य नहीं कह सकते।

पहली बैठक में जेडीडॉटकॉम के संस्थापक लियू कियांगडोंग से चार घंटे तक बात करने के बाद जू ने एक निवेश किया, जिससे उनकी मूल 18 मिलियन डॉलर की हिस्सेदारी 2.6 बिलियन डॉलर में बदल गई, यानी 10 वर्षों में 145 गुना रिटर्न। उपभोक्ता बाज़ार में अपनी विशेषज्ञता को और बढ़ाने के लिए जू और उनकी टीम निचले स्तर के शहरों में परिवारों के साथ रहीं, जिससे उन्हें यह अहसास हुआ कि ऑनलाइन ई-कॉमर्स कंपनियाँ कम आय वाले ग्राहकों को किफ़ायती दामों पर सामान बेचने में ऑफ़लाइन कंपनियों को तेज़ी से हरा रही हैं। उन्होंने निष्कर्ष निकाला कि ताओबाओ, जेडी और पिंगडुओडुओ जैसी ई-कॉमर्स कंपनियाँ बढ़ती रहेंगी। अब वे

उपभोक्ता आदतों और बेहतरीन प्लेटफ़ॉर्म की अपनी समझ के आधार पर दूसरी कंपनियों की लगातार तलाश करती हैं, जो अपने क्षेत्र में नंबर वन ब्रांड बन सकती हैं।

जू की व्यावहारिक अनुसंधान प्रक्रिया उन्हें सामान्य निवेशकों की तुलना में एक स्पष्ट लाभ प्रदान करती है। यह कंपनियों को ज़्यादा अच्छी तरह और अलग ढंग से समझने में उनकी मदद करती है। जब जू से पूछा गया कि किसी महान व्यावसायिक विचार और किसी महान प्रबंधक में से क्या अधिक महत्त्वपूर्ण है, तो जू ने स्वीकार किया कि हालाँकि दोनों ही महत्त्वपूर्ण होते हैं, लेकिन व्यावसायिक विचार की जीत होती है। एक गुण जो उन्हें पसंद है वह है सुपर प्लेटफ़ॉर्म – वीचैट या मीटुआन/डियानपिन जैसा एक ऐप इकोसिस्टम, जो कई सेवाएँ प्रदान करता है और अपने उपयोगकर्ताओं को निष्ठावान रखता है। सुपर प्लेटफ़ॉर्म एक खंदक की तरह काम करता है (अंतिम साइडबार में 'प्रवेश की बाधाओं' की चर्चा देखें), जो कंपनियों को लगातार बढ़ने की अनुमति देता है।

सबसे महत्त्वपूर्ण बात यह है कि जू को किसी व्यवसाय के गुणात्मक पक्ष का विश्लेषण करने का जुनून है – विशेष रूप से अपने क्षेत्र में नंबर एक ब्रांड बनने के लिए उसे क्या चाहिए। व्यवसाय मॉडल, कंपनी प्रबंधन, प्रतिस्पर्धी परिदृश्य, उपभोक्ता मनोविज्ञान और कई अन्य चीज़ों की अच्छी गुणात्मक समझ के साथ जू और उनकी टीम महान व्यावसायिक अवसरों की पहचान कर सकती है और अगले चरण – संख्यात्मक विश्लेषण और मूल्यांकन – की ओर आगे बढ़ सकती है कि निवेश करने के लिए आकर्षक या उचित मूल्य क्या है।

जू की तरह शीर्ष वेंचर कैपिटेलिस्ट 10 कमांटमेंट्स को साझा करते हैं और उनका पालन करते हैं। जॉन रफ़ोलो ओमर्स वेंचर्स के संस्थापक हैं, जिन्होंने शॉपिफ़ाई, हूटसुइट, रोवर, डिज़ायर2लर्न, हॉपर, डकडकगो, वॉटपैड, टचबिस्ट्रो और लीग सहित उत्तरी अमेरिका में 40 से अधिक शानदार प्रौद्योगिकी कंपनियों में 500 मिलियन डॉलर से अधिक पूँजी निवेश का नेतृत्व किया। रफ़ोलो की साथी कैनेडाई निवेशक इवा लाउ कैनेडा और उत्तरी अमेरिका में सबसे प्रसिद्ध उद्यमी तथा शुरुआती चरण के निवेशकों में से एक है। उन्होंने और उनके पति एलन लाउ ने वॉटपैड के लिए 118

मिलियन डॉलर जुटाए और इस स्टार्टअप को लाखों उपयोगकर्ताओं वाली वैश्विक मीडिया सनसनी में बदल दिया। लाउ वर्तमान में टू स्मॉल फ़िश चलाती हैं, जो टोरंटो स्थित वेंचर फ़ंड है, जो प्रमुख प्रारंभिक चरण में है।

अंत में, 700 मिलियन डॉलर के प्रबंधन के साथ एसओएसवी (इसके सहयोगी चिनएक्सिलरेटर और एमओएक्स सहित) के जनरल पार्टनर विलियम बाओ बीन दुनिया के सबसे सक्रिय प्रारंभिक चरण के उद्यम निवेशकों में से हैं। इन सभी ने आईओटी समेत तकनीकी निवेश में महारत हासिल करने के लिए 10,000 से अधिक घंटे लगाए और उनके प्रयासों से उन्हें काफ़ी अच्छा मुनाफ़ा हुआ। उनके गहन साक्षात्कार (पॉडकास्ट, यूट्यूब) https://wizards.instutute/ पर देखे जा सकते हैं। हम आपको यह सुनने के लिए प्रोत्साहित करते हैं कि ये सुपरस्टार 10 कमांडमेंट्स पर कैसे अमल करते हैं।

एंथनी बोल्टन गुणवत्ता चेकलिस्ट

एंथनी बोल्टन

इंग्लैंड के प्रसिद्ध फ़ंड मैनेजर और निवेश दिग्गज एंथनी बोल्टन ने 28 वर्षों तक फ़ाइडेलिटी स्पेशल सिचुएशंस फ़ंड का प्रबंधन किया। इस 28 वर्ष की अवधि में फ़ंड ने 19.5 प्रतिशत की वार्षिक वृद्धि हासिल की, जो स्टॉक एक्सचेंज की 13.5 प्रतिशत की वृद्धि से कहीं अधिक है। इस प्रक्रिया में उन्होंने 1,000 पाउंड के निवेश को 147,000 पाउंड (1979 से 2007) में बदल दिया। जब भी वे विभिन्न कंपनियों के प्रबंधन से मिलते हैं, तो बोल्टन संभावित निवेशों की जाँच के लिए इनमें से कुछ प्रश्न पूछते हैं :

1. सामान्य बिंदु

- आपका व्यवसाय मॉडल क्या है?
- क्या क़ानून बदलने के कारण आप असुरक्षित हो सकते हैं?
- आपके वितरण चैनल की शक्तियाँ और कमज़ोरियाँ क्या हैं?
- आपके प्रॉडक्ट्स अपनी प्रतिस्पर्धात्मक बढ़त कैसे क़ायम रखते हैं?

2. कंपनी की फ्रैंचाइजी की शक्ति

- आपकी कंपनी का बाज़ार कितना केंद्रित है?
- किसी नए प्रतिस्पर्धी के लिए आपके बाज़ार में प्रवेश करना कितना आसान है?
- आपकी कंपनी आपके प्रतिस्पर्धियों/सप्लायर्स/ग्राहकों की तुलना में कितनी बड़ी है?
- क्या आपके पास सप्लायर्स और ग्राहकों की एक केंद्रित या विविध श्रंखला है?
- आपके पास मूल्य निर्धारण की कितनी शक्ति है?

3. स्थिरता

- आप 10 वर्षों के समय में कंपनी को किस स्थिति में देखते हैं?
- क्या यह आज से अधिक मूल्यवान होगी?
- आपके ट्रेडमार्क/पेटेंट/मालिकाना प्रौद्योगिकी की स्थिरता क्या है?
- आप भविष्य में किन ख़तरों की भविष्यवाणी करते हैं (अपने प्रतिस्पर्धियों सहित)?

4. वित्तीय आँकड़े

- आप नक़दी सृजन और विकास को कैसे संतुलित करते हैं?
- क्या आप अपने व्यवसाय द्वारा उत्पन्न नक़दी से ही आगे बढ़ सकते हैं?
- आपके कैश-ऑन-कैश रिटर्न (कुल निवेशित नक़दी के प्रतिशत के रूप में कैशफ़्लो) क्या हैं?
- क्या आपके पास अगले संकट को सहने के लिए पर्याप्त नक़दी है?

उपरोक्त बातों के अलावा स्वामित्व संरचना, बोर्ड और प्रमुख प्रबंधन को जानने से मदद मिलती है। साथ ही यह जानने से भी कि *भविष्य में प्रौद्योगिकी व्यवसाय* को कैसे बाधित कर सकती है।

अपना मूल्य जानना

क्रिस्टोफ़र ब्राउन की निवेश कंपनी ने तीन महानतम निवेश जादूगरों के साथ निवेश किया है : वॉरेन बफ़ेट, बेंजामिन ग्राहम और वाल्टर श्लॉस। ब्राउन को कैसे पता चलता है कि किसी चीज़ में कब निवेश करना है? बहुत ही सरल है, जैसे सुपरमार्केट के गलियारों में ख़रीदारी! अपनी *लिटिल बुक ऑफ़ वैल्यू इन्वेस्टिंग* में वे लिखते हैं :

'मांस वाले गलियारे में आपको पता चलता है कि आपका पसंदीदा प्राइम डेल्मोनिको स्टीक सेल पर है - इसकी क़ीमत 8.99 डॉलर प्रति पौंड से घटकर मात्र 2.50 डॉलर प्रति पौंड है। आप क्या करते हैं? भारी छूट में मिलने वाले स्टीक को आप गाड़ी में भर लेते हैं। जब आप अगले सप्ताह वापस आते हैं और डेल्मोनिको स्टीक का भाव 12.99 डॉलर देखते हैं, तो आप रुक जाते हैं। शायद इस सप्ताह चिकन या पोर्क ख़रीदना बेहतर विकल्प रहेगा।'

इस कहानी में अच्छे निवेश इस तरह पाए जाते हैं : 1) आंतरिक मूल्य जानना (उचित मूल्य जानना) और 2) सुरक्षा का मार्जिन रखना (डिस्काउंट पर ख़रीदना)। सरल लगता है, है ना? लेकिन जैसा कि ब्राउन बताते हैं, 'जब क़ीमत गिरती है, तो हर कोई अपनी ज़रूरत और इच्छा

की चीज़ें ख़रीदने के लिए दौड़ पड़ता है। *निवेश के क्षेत्र को छोड़कर।'* हर कोई रोज़मर्रा की ज़िंदगी में मूल्य की तलाश करना पसंद करता है, लेकिन किसी कारण से (उदाहरण के लिए, डर) जब स्टॉक (या कोई अन्य वित्तीय निवेश) सस्ता होता है, तो लोग सस्ते में चीज़ें ख़रीदने के अनिच्छुक होते हैं।

क्रिस ब्राउन

जब तक आपको किसी चीज़ का मूल्य नहीं पता होता, तब तक आप यह नहीं जान सकते कि वह चीज़ सस्ता सौदा है या नहीं। आंतरिक मूल्य ज्ञात करने के लिए आपको संख्याओं का विश्लेषण करने की ज़रूरत होती है। जब बैंकर बंधक आवेदनों का विश्लेषण करते हैं, तो वे सबसे पहले कोलेटरल को देखते हैं, जो उधारकर्ता ने ऋण सुरक्षित करने के लिए गिरवी रखी है। इसके बाद, वे यह देखते हैं कि उधारकर्ता के पास ऋण चुकाने के लिए पर्याप्त आय है या नहीं। बैंकर यह सुनिश्चित करना चाहते हैं कि उन्हें उनका पैसा ब्याज सहित वापस मिल जाएगा; वे ऋण की जोखिमशीलता का आकलन करते हैं और उचित रिटर्न के लिए इसे मंज़ूरी देते हैं।

निवेश के अन्य रूपों का विश्लेषण करने के लिए भी आप इन्हीं सिद्धांतों को लागू कर सकते हैं : किसी कंपनी की संपत्ति उसके ऋण की तुलना में कितनी है? व्यवसाय के दिवालिया होने की कितनी संभावना है? कमाई बढ़ने की कितनी संभावना है? संख्याओं का विश्लेषण करना ज़रूरी है, क्योंकि इससे निवेशक ज़्यादा अच्छी तरह समझ सकता है कि निवेश के लिए सही क़ीमत क्या है।

कृपया याद रखें कि 'क़ीमत ≠ मूल्य।' यदि आप सर्वोत्तम कंपनियों को अधिक क़ीमत पर ख़रीदते हैं, तो वे बढ़िया निवेश नहीं होतीं। एक बार जब आप आंतरिक मूल्य का पता लगा लेते हैं, तो आप पूरे विश्वास के साथ अपने निवेश धर्म की तलाश करेंगे। (यदि आप वैल्युएशन यानी मूल्यांकन के बारे में अधिक जानना चाहते हैं, तो हमने पुस्तक के अंत में परिशिष्ट में मूल्यांकन की बुनियादी बातों पर अधिक जानकारी दी है।)

धर्म की तलाश करें

होमवर्क करने के बाद आपको अद्‌भुत गुणों वाला बेहतरीन निवेश मिलना चाहिए और निवेश ख़रीदने के लिए उचित मूल्य का अनुमान लगाना चाहिए। लेकिन यदि आपका उचित मूल्य का अनुमान ग़लत हो, तो क्या होगा? इस समस्या को दूर करने के लिए आप कई महान जादूगरों (चार्ली मंगर, वॉरेन बफ़ेट, वाल्टर श्लॉस, जेम्स मोंटियर, सेठ क्लारमैन और जोएल ग्रीनब्लाट) के मार्ग पर चल सकते हैं और 'सुरक्षा का मार्जिन' रखकर निवेश कर सकते हैं।

सुरक्षा का मार्जिन बाज़ार मूल्य और आंतरिक मूल्य के बीच का अंतर है। यह निवेशक का एक महत्त्वपूर्ण सहारा है। 1950 के दशक में ग्राहम किसी कंपनी को तब तक नहीं ख़रीदते थे, जब तक कि वह अपने आंतरिक मूल्य के दो-तिहाई या उससे कम पर नहीं बिक रही हो; यानी, यदि कंपनी का आंतरिक मूल्य एक डॉलर प्रति शेयर है, तो वे उसे 66 सेंट या उससे कम भाव पर ख़रीदते थे। आजकल सार्वजनिक बाज़ारों में (भले ही विकृतियाँ दूसरे अन्य बाज़ारों में मौजूद हैं, जैसे रियल एस्टेट और अन्य निजी निवेश) इतने ज़्यादा मार्जिन वाली कंपनियाँ शायद कम हैं, लेकिन

वॉरेन बफ़ेट अब भी कम से कम 25 प्रतिशत का सुरक्षा मार्जिन रखने की सिफ़ारिश करते हैं (जो तब संभव है, जब मिस्टर मार्केट के बुरे दिन हों)।

तीन कारण हैं, जिनकी वजह से सुरक्षा के मार्जिन से आपको बेहतर निवेशक बनने में मदद मिल सकती है : 1) क़ीमत 50 प्रतिशत बढ़ने के बाद भी निवेश ओवरवैल्यूड नहीं होगा; 2) आप कॉन्ट्रेरियन बन जाते हैं और तब ख़रीदारी करते हैं, जब बाज़ार में अत्यधिक भय होता है; 3) आप अपने घाटे की आशंका को कम करते हुए लाभ को अधिकतम करते हैं, जिससे आपके जोख़िम-पुरस्कार अनुपात में सुधार होता है।

अध्याय 5 : धर्म की तलाश करें आपकी निवेश प्रक्रिया को विकसित करने के बारे में है, ताकि आप बेहतर विश्लेषणात्मक निर्णय ले सकें। अब आपको मुर्दा मछली बनने और दूसरों की सलाह सुनने की ज़रूरत नहीं है। जिस प्रणाली पर आप विश्वास करते हैं, उसके साथ आप अपने निवेश विचारों में धर्म ढूँढ़ना शुरू कर सकते हैं और अपना पैसा पूरे विश्वास के साथ लगा सकते हैं। हो सकता है कि आपके कुछ निवेश ग़लत हों, लेकिन आप अपनी ग़लतियों से सीखेंगे और अपने सिस्टम को परिष्कृत करते रहेंगे।

नियम 6 :

धैर्य रखें, साहसी बनें

'महत्त्वपूर्ण यह नहीं है कि आप क्या ख़रीदते हैं;
महत्त्वपूर्ण तो यह है कि आप उसे किस भाव पर ख़रीदते हैं।'
हॉवर्ड मार्क्स

अध्याय 5 : धर्म की तलाश करें निश्चित रूप से इस पुस्तक का सबसे केंद्रीय हिस्सा है : आपने एक ऐसी प्रणाली का महत्त्व सीखा है, जो संभावित निवेश पर 'धर्म' जैसी शक्ति प्रदान करेगी। यह वह जगह है, जहाँ जादूगर भारी वज़न उठाने और अपने विचारों को सत्यापित करने में समय बिताते हैं। अब जब आपने निवेश में धर्म की तलाश कर ली है और आंतरिक मूल्य निर्धारित करने के लिए समुचित मौलिक शोध कर लिया है, तो आप जानते हैं कि ख़रीदारी करने का सही समय कब है। केवल तभी ख़रीदें, जब क़ीमत आपके लक्ष्य मूल्य यानी टारगेट प्राइस से कम हो। सीधे शब्दों में कहें, तो सही समय वह है, जब क़ीमत सही हो।

सही समय = सही क़ीमत

कमांडमेंट 3 : मार्केट साइकल का सम्मान करें में हमने देखा है कि बाज़ार के दैनिक उतार-चढ़ाव का सम्मान करना महत्त्वपूर्ण होता है और हमें दैनिक उतार-चढ़ाव की टाइमिंग नहीं करनी चाहिए। **कमांडमेंट 4 : मुर्दा मछली नहीं बनें** से हम जानते हैं कि क़ीमत अक्सर कई कारणों से विकृत होती है, ख़ास तौर पर अल्पावधि में निवेशकों की भावनाओं से। जादूगर सही क़ीमत चुकाने के लिए सही समय का इंतज़ार करते हैं।

निवेश करते समय हमेशा मार्क्स के उद्धरण को ध्यान में रखें, जिन्होंने कहा था कि काफ़ी कम क़ीमत पर ख़रीदकर कोई भी पैसे कमा सकता है। यदि किसी परिसंपत्ति का आंतरिक मूल्य 100 डॉलर है, तो सुरक्षा का पर्याप्त मार्जिन रखकर उससे कम भुगतान करें। भले ही मिस्टर मार्केट सुपर आशावादी है (इसकी क़ीमत 200 डॉलर है) और अर्थव्यवस्था बहुत अच्छी दिख रही है, फिर भी 200 डॉलर देने में कोई तुक नहीं है। यदि आप सुरक्षा का मार्जिन रखकर इसे 70 डॉलर या यहाँ तक कि 90 डॉलर पर ख़रीदते हैं, तो आपको लंबे समय में निवेश लाभ प्राप्त होने की अधिक संभावना है, जो तब नहीं होगी जब आप इसे ओवरवैल्यूड क्षेत्र में ख़रीदेंगे। यह काफ़ी सरल और तार्किक बात है – लेकिन निवेशक अक्सर इसे भूल जाते हैं। कुंजी यह है कि कुछ करने के पूर्वाग्रह का प्रतिरोध करें और गतिविधि के बजाय निष्क्रियता को चुनें।

आइए इस बिंदु को स्पष्ट करने के लिए फुटबॉल की पेनल्टी किक का उदाहरण देखें। पेनल्टी किक लेने वाला गोल से 10 गज़ की दूरी से गेंद पर प्रहार करता है; वह गेंद को बाईं, मध्य या दाईं ओर मार सकता है। इसी तरह, गोलकीपर के पास दाईं ओर गोता लगाने, बीच में रहने या बाईं ओर गोता लगाने का विकल्प होता है। यदि गोलकीपर गेंद की दिशा में गोता लगाता है, तो उसके पास बचाव करने का अच्छा मौक़ा होता है। अन्यथा, परिस्थितियाँ अनुकूल नहीं हैं। विशिष्ट मैचों में 286 पेनल्टी किक फुटेज में शोधकर्ताओं ने पाया कि पेनल्टी लेने वाला 30 प्रतिशत बार गेंद को बीच में मारता है। यानी अगर गोलकीपर सारे समय बीच में ही रहे, तो उसे 30 प्रतिशत बार लाभ होगा। लेकिन सच तो यह है कि गोलकीपर केवल 6 प्रतिशत समय ही बीच में रहते हैं।

ऐसा क्यों है? यदि वह केंद्र में ही रहे (कुछ नहीं करे) और गेंद किनारे पर चली जाए, तो गोलकीपर मूर्ख लगेगा। अगर वह किसी तरफ़ गोता लगाता है और गेंद दाहिनी ओर जाती है, तो देखने वाले को लगेगा कि उसने कोशिश तो की है। उच्च वेतन पाने वाले इन पेशेवरों को लगता है कि सक्रियता कुछ नहीं करने से बेहतर है, हालाँकि कुछ नहीं करने से उन्हें लाभ हो सकता है! कहानी का सबक़ : कोई चीज़ इसलिए मत करो, क्योंकि तुम्हें लगता है कि तुम्हें कुछ तो करना चाहिए; तुरंत कार्य करने और ग़लत कार्य करने से बेहतर है कि धैर्य रखें और सही चीज़ करें।

निवेश का जादूगर जानता है कि अधिक क़ीमत वाले शेयर नहीं ख़रीदना चाहिए, इसलिए वह कुछ करने की अपनी इच्छा को दबा लेता है। वह अपने निवेश के नवीनतम अपडेट और इस प्रकार क़ीमत में बदलाव पर नज़र रखते हुए कंपनी के आंतरिक मूल्य को याद रखता है। वह उतार-चढ़ाव, प्रचार या भावनाओं को अपने फ़ैसले पर हावी नहीं होने देता। लंबे निवेश क्षितिज के साथ वह केवल तभी निवेश करेगा, जब सही क़ीमत सामने आएगी और जब वह निवेश के बारे में पूरा विश्वास महसूस करेगा।

धैर्य फल देता है। लेकिन जब सही अवसर या सही क़ीमत सामने आए, तो साहसपूर्वक आगे बढ़ें।

मुकेश अंबानी और उनका रिलायंस साम्राज्य

2020 की गर्मियों में एशिया के सबसे धनी व्यक्ति मुकेश अंबानी अपनी भारतीय दूरसंचार कंपनी रिलायंस जियो को धन उगाहने की होड़ में ले आए। नौ सप्ताह के भीतर जियो फ़ेसबुक, सऊदी अरब के सार्वजनिक निवेश कोष और केकेआर सहित 10 प्रमुख निवेशकों से 15.2 बिलियन डॉलर जुटाने में सक्षम हो गया। इसे कुछ लोग आधुनिक कॉर्पोरेट इतिहास में सबसे बड़ी भ्राता प्रतिद्वंद्विता मानते हैं, जिसमें मुकेश अंबानी ने एक दूरसंचार कंपनी बनाई और अपने छोटे भाई अनिल अंबानी के स्थापित दूरसंचार व्यवसाय को एक ही झटके में पीछे छोड़ दिया। आज अंबानी का सर्वव्यापी साम्राज्य विभिन्न उद्योगों – कपड़ा, तेल और गैस, पेट्रोकेमिकल्स और दूरसंचार – में फैला हुआ है।

मुकेश अंबानी

जब 2002 में उनके पिता धीरूभाई का निधन हो गया, तो मुकेश और अनिल, जो कभी समन्वित व्यापारिक भागीदार थे, अपने पिता के रिलायंस इंडस्ट्रीज़ साम्राज्य के नियंत्रण को लेकर एक बड़ी लड़ाई में शामिल हो गए। उनकी माँ कोकिलाबेन ने आगे आकर कंपनी को दो हिस्सों में बाँट दिया। मुकेश रिलायंस इंडस्ट्रीज़ के मालिक हैं – उनके पास स्थापित, लेकिन धीमी गति से बढ़ने वाला तेल और गैस, पेट्रोकेमिकल और रिफ़ाइनरी व्यवसाय है। अनिल को तेज़ी से बढ़ने वाला दूरसंचार और वित्तीय सेवा व्यवसाय – रिलायंस ग्रुप – मिला।

अनिल का व्यवसाय मूलतः तेज़ी से बढ़ रहा था। उन्होंने मनोरंजन और फ़िल्म उद्योग जैसे नए उद्योगों में तेज़ी से विस्तार किया, जहाँ उन्होंने जल्द ही स्टीवन स्पीलबर्ग के ड्रीमवर्क्स के साथ एक फ़िल्म अनुबंध पर हस्ताक्षर किए। उन्होंने 2जी/3जी मोबाइल नेटवर्क में भी भारी निवेश किया, जो 2008 में अत्याधुनिक दूरसंचार तकनीकें थीं (जिन्हें जल्दी ही अगली पीढ़ी की तकनीक से बदल दिया गया)। 2014 तक अनिल की

कंपनियाँ मुश्किल में फँसने लगीं, क्योंकि उन्होंने भारी मात्रा में क़र्ज़ लिया था। अपने मीडिया उपक्रमों के टूटने के कारण उन्हें क़र्ज़ चुकाने के लिए अन्य मीडिया मनोरंजन कंपनियों में अपनी कुछ हिस्सेदारी बेचने के लिए भी मजबूर होना पड़ा। **(कमांडमेंट 9 : पैसा नहीं गँवाएँ में ऋण और लीवरेजिंग पर अधिक जानकारी दी जाएगी)।**

दूसरी ओर, मुकेश ने ऐसे व्यवसाय स्थापित किए, जो भूमि और उपकरणों में बहुत अधिक निवेश की आवश्यकता के बिना महत्त्वपूर्ण मात्रा में मुनाफ़ा और कैशफ़्लो उत्पन्न करते थे। हालाँकि टेलीकॉम क्षेत्र उन्हें हमेशा से पसंद था और वे जानते थे कि भारत का भविष्य इस पर निर्भर करता है, लेकिन मुकेश ने केवल उन क्षेत्रों पर ध्यान केंद्रित किया जिनमें उनकी कंपनी अच्छी थी। उन्होंने इन्हीं क्षेत्रों में अपना व्यवसाय लगातार बढ़ाया। साथ ही, दोनों भाइयों के बीच 10 साल तक कोई प्रतिस्पर्धा नहीं हो सकती थी। हालाँकि मुकेश टेलीकॉम क्षेत्र में प्रवेश करना चाहते थे, लेकिन क़ानून उन्हें अपने छोटे भाई की व्यावसायिक विशिष्टताओं का पीछा करने से रोक रहा था।

मुकेश ख़ाली नहीं बैठे। 10 साल की अवधि में उन्होंने दूरसंचार उद्योग के व्यावसायिक परिदृश्य के बारे में सीखा, पैरवीकारों और मुख़बिरों का एक नेटवर्क विकसित किया और उन कंपनियों में निवेश किया, जो उनके दूरसंचार नेटवर्क के अंतिम लॉन्च में मदद करेंगी। उन्होंने अपना होमवर्क किया और अपने मुकुट रत्न पर धर्म की तलाश की। 2016 में उन्होंने भारत में अन्य मोबाइल ऑपरेटरों के साथ क़ीमत-युद्ध करते हुए रिलायंस जियो के दूरसंचार नेटवर्क को तेज़ी से आगे बढ़ाया। 2019 तक जियो के पास भारतीय मोबाइल ऑपरेटर बाज़ार का 30 प्रतिशत हिस्सा था और इसका लक्ष्य था कि यह 2025 तक 50 प्रतिशत पर कब्ज़ा कर लेगा।

तीव्र बाज़ार प्रतिस्पर्धा के कारण अनिल का संघर्षरत दूरसंचार साम्राज्य और भी अधिक ख़तरे में पड़ गया। 2008 में दुनिया के छठे सबसे अमीर व्यक्ति अनिल अपने भाई के ख़िलाफ़ व्यापारिक प्रतिद्वंद्विता में हार गए और 2020 में उन्हें दिवालियापन का सामना करना पड़ा।

अपने निवेश में धर्म की तलाश करें। और जब समय और क़ीमत सही हो, तो साहस के साथ आगे बढ़ें!

बड़े बनो, साहसी बनो

यदि आपने 1967 में अमेरिकी हेज फ़ंड विज़ार्ड माइकल स्टीनहार्ट के साथ एक डॉलर का निवेश किया होता, जिन्हें **कमांडमेंट 1 : ख़ुद को जानें** में प्रस्तुत किया गया था, तो 24.5 प्रतिशत चक्रवृद्धि मुनाफ़े के बाद 1995 में यह 481 डॉलर में बदल जाता। उन्होंने कहा है, 'छोटे निवेश नहीं करें – पैसों का निवेश करते समय आपके पास केवल सीमित समय और ऊर्जा होती है। इसलिए यदि आप पैसे को जोख़िम में डालने जा रहे हैं, तो सुनिश्चित करें कि इसका औचित्य साबित करने के लिए इनाम काफ़ी ज़्यादा हो।' यदि आपने शोध करने, परिसंपत्ति का आंतरिक मूल्य निर्धारित करने और सही क़ीमत की प्रतीक्षा करने में समय बिताया है, तो बड़ा क़दम उठाएँ और हिम्मत के साथ निवेश कर दें। इसे अपने समय के लायक़ बनाएँ।

बड़े और साहसी बनने के सबसे प्रसिद्ध उदाहरणों में से एक ब्रिटिश पाउंड पर जॉर्ज सोरोस का दाँव है। 1990 के दशक की शुरुआत में ब्रिटेन की मुद्रास्फीति दर 8.1 प्रतिशत के सर्वकालिक उच्चतम स्तर पर पहुँच गई। ब्याज दर 15 प्रतिशत थी और अर्थव्यवस्था अस्थिर थी तथा ढहने की कगार पर थी। सितंबर 1992 तक सोरोस ने देखा कि बाज़ार पूरी तरह से गर्म हो गया था और एक गंभीर गिरावट का अंदेशा है, इसलिए उन्होंने एक बड़ा दाँव लगाया कि ब्रिटिश पाउंड की क़ीमत में गिरावट आएगी।

जॉर्ज सोरोस

एक लोकप्रिय मान्यता के अनुसार सोरोस ने अपने मुख्य व्यापारी से कहा, 'जान की बाज़ी लगा दो।' इसके बाद उनके फ़ंड ने एक अरब डॉलर मूल्य के पाउंड शॉर्ट कर दिए, जिससे बाज़ार में बाढ़ आ गई। शुरू में तो पाउंड की अतिरिक्त आपूर्ति को अवशोषित करने के लिए सरकार के पास पर्याप्त अमेरिकी डॉलर मौजूद थे। जब इससे भी काम नहीं चला, तो सोरोस ने अन्य निवेशकों और मुद्रा व्यापारियों को बुलाकर उन्हें भी ऐसा करने को कहा। व्यवस्था में कमज़ोरी देखकर अन्य व्यापारियों ने ख़ुशी-ख़ुशी इसका पालन किया और ब्रिटिश पाउंड बेचना जारी रखा। एक समय तो ऐसा आया, जब लगभग 10 बिलियन डॉलर मूल्य के पाउंड के कारण मुद्रा बाज़ार में बाढ़ आ गई थी। पर्याप्त विदेशी मुद्रा भंडार के बिना बैंक ऑफ़ इंग्लैंड अब यूरोपीय एक्सचेंज रेट मेकेनिज़्म (मुद्राओं के बीच स्थिर मूल्य बनाए रखने और व्यापार को प्रोत्साहित करने के लिए बना सिस्टम) हेतु आवश्यक मुद्रा दर को बनाए नहीं रख सकता था। परिणामस्वरूप, ब्रिटेन को विनिमय दर तंत्र से अपनी सदस्यता छोड़नी पड़ी और पाउंड को अपना मूल्य खोने की अनुमति देनी पड़ी, क्योंकि लोगों ने मुद्रा को बुरी तरह नीचे धकेल दिया। पाउंड का मूल्य 2 अमेरिकी डॉलर से गिरकर 1.5 अमेरिकी डॉलर हो गया, यानी कुछ ही महीनों में इसके मूल्य में 25 प्रतिशत की गिरावट आई।

इस एक विश्वासपूर्ण निवेश से सोरोस को एक अरब डॉलर का मुनाफ़ा हुआ। लेकिन सोरोस को सबसे बड़ा अफ़सोस यही था कि वे पर्याप्त साहसी नहीं थे। उन्होंने अपना होमवर्क किया था, पाउंड का आंतरिक मूल्य निर्धारित किया था और ब्रिटिश मुद्रा प्रणाली की कमज़ोरी पर विश्वास किया था, इसलिए वे इससे भी बड़ा दाँव लगा सकते थे और अधिक मुनाफ़ा कमा सकते थे। निःसंदेह, यह केवल पीछे देखने पर ही सत्य है। यदि दाँव ग़लत हो जाता, तो सोरोस को बड़ा नुक़सान भी हो सकता था (1998 में सोरोस और हांगकांग मुद्रा प्रणाली के बारे में पढ़ें)। निवेश में कोई भी जादूगर शत-प्रतिशत सफल नहीं होता। पाउंड के मामले में बैंक ऑफ़ इंग्लैंड को चुनौती देने के लिए सोरोस की कड़ी मेहनत और साहस ने उन्हें विजयी व्यापार करने की अनुमति दी।

क्या हमारे मित्र बॉबी ली, जो सबसे बड़े बिटकॉइन प्रचारकों में से एक हैं, इस क्रिप्टो-परिसंपत्ति पर अपने शुरुआती और साहसिक दाँव के लिए सोरोस की तरह एक जादूगर साबित होंगे? ली ने मुखर और साहसपूर्वक

बिटकॉइन के भविष्य पर अपनी प्रतिष्ठा और करियर का दाँव लगाया है। हमारा मानना है कि अभी कुछ कहना जल्दबाज़ी होगी। (स्वयं निर्णय लेने के लिए https://wizards.institute/ पर उनका गहन साक्षात्कार सुनें)

जब आप अपने निवेश के आंतरिक मूल्य के बारे में आश्वस्त हो जाएँ और दृढ़ विश्वास करने लगें, तो आपको बड़ा क़दम उठाना चाहिए और साहसपूर्वक आगे बढ़ना चाहिए। अच्छा अवसर बार-बार नहीं मिलता है, इसलिए निर्णायकता और दृढ़ विश्वास के साथ कार्य करें। उचित परिस्थितियाँ सामने आने पर उनका लाभ लें।

जॉर्ज सोरोस : 'दुनिया के सबसे महान धन प्रबंधक'

रणनीतियाँ अलग-अलग होने के बावजूद सोरोस को अक्सर वॉरेन बफ़ेट के समकक्ष ही गिना जाता है। बफ़ेट दीर्घकालिक मूल्य निवेशक है, जबकि सोरोस शायद इतिहास के सबसे अच्छे ट्रेडर (अल्पकालिक) निवेशक है। सोरोस एक विवादास्पद व्यक्ति हैं, जिनकी मुद्रा शॉर्ट करने और प्रगतिशील, उदार नीतियों के खुले समर्थन के लिए कुछ लोग आलोचना करते हैं। सोरोस की कुल संपत्ति 8 अरब डॉलर आँकी गई है, हालाँकि वे अपनी परोपकारी एजेंसी ओपन सोसाइटी फ़ाउंडेशन को 32 अरब डॉलर से अधिक का दान दे चुके हैं।

सोरोस के पाँच निवेश सिद्धांत

1. ***जब बाज़ार अराजक हो जाए तो फ़ायदा उठाएँ :*** चूँकि बाज़ार भावनाओं से प्रेरित होते हैं, इसलिए जब क़ीमत और मूल्य के बीच बड़ा अंतर पैदा हो जाए, तो निवेशक खोज और निवेश करके लाभ कमा सकते हैं। 'सबसे अच्छे अवसर भावनाओं से दूर रहने पर मिलते हैं। निवेशकों को केवल बाज़ार की क़ीमतों और अंतर्निहित परिसंपत्तियों के मूल्य पर ध्यान केंद्रित करना चाहिए।'
2. ***पूँजी संरक्षित करें :*** जीवित रहने के लिए जोख़िम के कुछ तत्वों की आवश्यकता होती है; स्मार्ट जोख़िम से ही फ़र्क़ पड़ता है।

केवल वही निवेश करें, जिसके बारे में आप समझते हों और जो आपके मानदंडों पर खरा उतरता हो। जोख़िम तभी लें जब आपको लगे कि आपके पास बेहतर और अलग दृष्टिकोण है। सोरोस हमेशा सक्रिय नहीं रहते; वे जानते हैं कि किनारे पर बैठना, होमवर्क करना और समय व अवसर अनुकूल होने पर छलाँग लगाना ठीक है।

3. ***अधिक डाइवर्सिफ़िकेशन नहीं करें;*** ध्यान केंद्रित रखें : कुछ मजबूत परिसंपत्तियों पर ध्यान केंद्रित करें, जो भारी मुनाफ़ा देने की क्षमता रखती हों तथा इस प्रकार अन्य निवेशों से होने वाले नुक़सान की भरपाई करें। सौ के बजाय एक सुपरस्टार निवेश की पहचान करना ज़्यादा आसान है। सोरोस अपनी ऊर्जा सही निवेश की पहचान करने पर कहीं अधिक तीव्रता से केंद्रित करते हैं। जब उन्हें ऐसा निवेश मिल जाता है, तो वे जानते हैं कि पैसे खोने का जोख़िम कम है।

4. ***अपने निवेश के बारे में चुप रहें :*** दूसरे क्या सोचते हैं, इसका सोरोस के लिए कोई मतलब नहीं है। आवश्यक शोध करें और विशेष रूप से व्यापारिक दुनिया में अपना स्वयं का दृष्टिकोण रखें। अपने दाँव का प्रचार करने और बाज़ार की चाल का ढिंढोरा पीटने की कोई ज़रूरत नहीं है।

5. ***भाग्य बहादुरों का साथ देता है :*** उपरोक्त नियमों का पालन करते समय भाग्य की आवश्यकता नहीं होती। मानवीय भावनाओं के कारण बाज़ार और मूल्य अक्सर अलग हो जाते हैं। निवेश थीसिस पर होमवर्क करने के बाद और स्पष्ट रूप से परिस्थितियाँ बहुत अधिक पक्ष में होने के बाद दबे पाँव नहीं चलें, बल्कि छलाँग लगाएँ। झुंड द्वारा गँवाए गए अवसरों को ढूँढ़ें – इसी तरह बड़ा पैसा कमाया जाता है।

चक्रवृद्धि का जादू

9/10/11 प्रतिशत चक्रवृद्धि के साथ 100 डॉलर कितने बन जाते हैं

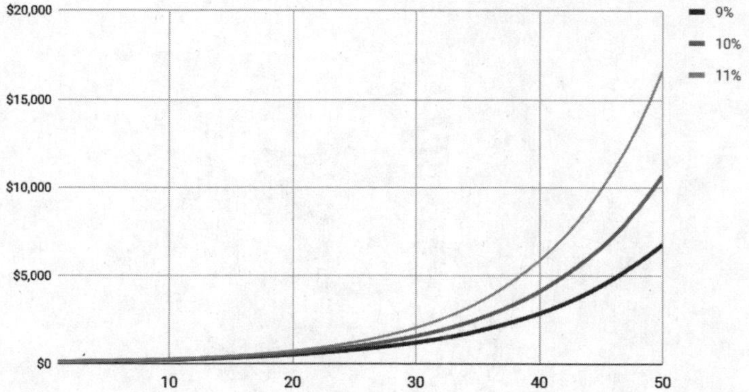

मान लें, आज आपके पास 100 डॉलर हैं। आप हर साल 10 प्रतिशत कमाते हैं। पहले वर्ष के बाद, आपके पास 110 डॉलर होंगे। दूसरे वर्ष के बाद आपके पास 121 डॉलर होंगे। 10वें वर्ष तक आपके पास 260 डॉलर होंगे। 20वें वर्ष तक आपके पास 672 डॉलर होंगे। 30वें साल तक आपके पास 1744 डॉलर होंगे। 40वें वर्ष तक आपके पास 4525 डॉलर होंगे। और 50वें वर्ष तक आपके पास 11,739 डॉलर होंगे। भले ही आप पहले दस वर्षों में केवल 160 डॉलर कमाते हैं, लेकिन समय के साथ अधिक धन उत्पन्न करने के लिए कमाई का दोबारा निवेश करने की वजह से चक्रवृद्धि आपकी कमाई को बढ़ा देता है। आपका निवेश तेज़ी से इसलिए बढ़ेगा, क्योंकि आप निवेशित पूँजी को उसका काम करने देंगे।

एक प्रतिशत का मुनाफ़ा भी काफ़ी बड़ा अंतर ला सकता है। 9 प्रतिशत से 11 प्रतिशत वार्षिक रिटर्न की तुलना करने पर आप पाएँगे कि प्रत्येक वर्ष अतिरिक्त 2 प्रतिशत राशि 50 वर्षों में दोगुनी हो जाएगी। इसलिए भले ही आपका प्रारंभिक रिटर्न छोटा लगे, लेकिन इसे समय के साथ बढ़ाते रहें और चक्रवृद्धि भविष्य में आपके रिटर्न को जादुई रूप से बढ़ा देगा।

रिचर्ड रसेल

रिचर्ड रसेल (1924-2015) को आधुनिक युग के सबसे प्रभावशाली वित्तीय लेखकों में से एक माना जाता है। यह क्यों महत्त्वपूर्ण है कि निवेशक जल्दी निवेश शुरू करे? रसेल ने सैली और जैक की कहानी बताई :

सैली ने 19 साल की उम्र में एक आईआरए अकाउंट खोला और वह 26 साल की उम्र तक सालाना 2,000 डॉलर का निवेश करती है। सात साल के बाद वह अकाउंट में योगदान करना बंद कर देती है। जैक, जो सैली की ही उम्र का है, 26 साल की उम्र में वह हर साल 2,000 डॉलर का योगदान देना शुरू करता है और 65 साल की उम्र तक ऐसा करता रहता है। मान लें कि आईआरए औसतन 10 प्रतिशत (7 प्रतिशत ब्याज तथा वृद्धि) रिटर्न देता है, तो आपको क्या लगता है कि 65 वर्ष की आयु में सेवानिवृत्ति के समय किसके पास अधिक पैसे होंगे? 65 साल की उम्र में जैक के आईआरए अकाउंट में 9,73,704 डॉलर हैं, जबकि सैली के अकाउंट में 9,44,641 डॉलर हैं। पहली नज़र में, ऐसा लगता है कि अंत में जैक की जीत हुई। लेकिन याद रखें, जैक ने 80,000 डॉलर लगाए,

जबकि सैली ने केवल 14,000 डॉलर लगाए, जो पूरे 66,000 डॉलर कम है! इसके अलावा, सैली ने अपने मूल धन में लगभग 67,500 प्रतिशत की वृद्धि की, जबकि जैक के मूल धन में 12,000 प्रतिशत की वृद्धि हुई। जबकि सैली ने अपने आईआरए अकाउंट में योगदान देना बंद कर दिया है, उसके पास अभी भी अपनी नौकरी से आय है और वह संभावित रूप से हर साल 2,000 डॉलर की बचत जारी रख सकती है। हालाँकि जैक ने सैली से पूरे 33 साल अधिक निवेश किया, लेकिन जब आप उसके निवेश रिटर्न की श्रेष्ठता को देखते हैं तो सैली स्पष्ट रूप से जैक को हरा देती है।

तो, हमने क्या सीखा?

1. ***जल्दी शुरू करें।*** जल्दी निवेश करना और धैर्य रखना आपके वित्तीय भविष्य को सुरक्षित करने की बहुत महत्त्वपूर्ण कुंजी है – वास्तव में आपको बहुत अधिक धन की आवश्यकता नहीं है; आपको अपना काम करने के लिए धैर्य, समय और मिश्रित जादू की आवश्यकता है।
2. ***जादू का आनंद लें।*** चक्रवृद्धि बताता है कि क्यों निवेश जादूगर हमेशा विजेताओं को मैराथन दौड़ाते रहते हैं, फिर आराम से बैठते हैं और अपने लाभ का आनंद लेते हैं!

रिचर्ड रसेल के अमीर आदमी, ग़रीब आदमी

औसत निवेशक बिल गेट्स या स्टीवन स्पीलबर्ग जैसा प्रतिभाशाली व्यक्ति नहीं होता, जिसके पास ज़बर्दस्त संपत्ति बनाने की असाधारण प्रतिभा हो। इसके बजाय हम सभी को अपनी संपत्ति बनाने के लिए ठोस वित्तीय योजनाओं की आवश्यकता है। रसेल के निवेश के चार नियम उस लक्ष्य तक पहुँचाने में हमारी मदद कर सकते हैं :

1. ***नियम 1 – चक्रवृद्धि :*** सफलतापूर्वक चक्रवृद्धि करने के लिए आपको निम्नलिखित की आवश्यकता है : बचत के मार्ग पर चलने के लिए आपमें दृढ़ता होनी चाहिए। आपके पास यह समझने की बुद्धि होनी चाहिए कि आप क्या कर रहे हैं और

क्यों कर रहे हैं। आपको यह ज्ञान होना चाहिए कि यदि आप ईमानदारी से चक्रवृद्धि के मार्ग पर चलते हैं, तो आपको कितने अद्‌भुत पुरस्कार मिलेंगे। और निश्चित रूप से, आपको समय की आवश्यकता है... याद रखें, चक्रवृद्धि केवल समय के साथ ही काम करता है!

2. ***नियम 2 – पैसे नहीं गँवाएँ :*** पैसे नहीं गँवाएँ, कम से कम बड़ी मात्रा में तो नहीं। अधिकांश लोग जुए जैसे विनाशकारी निवेशों में, ख़राब व्यापारिक सौदों, लालच और ख़राब टाइमिंग के कारण पैसे गँवा देते हैं।

3. ***नियम 3 – अमीर आदमी, ग़रीब आदमी :*** अमीर निवेशक को बाज़ार की ज़रूरत नहीं है, क्योंकि उसके पास पहले से ही वह सारी आय है, जिसकी उसे ज़रूरत है। यदि कोई बकाया मूल्य उपलब्ध नहीं है, तो वह अवसर की प्रतीक्षा करता है। वह इंतज़ार कर सकता है, क्योंकि उसके पास विभिन्न स्रोतों से पैसा आ रहा है। और छोटे आदमी के बारे में क्या? यह व्यक्ति हमेशा 'पैसा कमाने' का दबाव महसूस करता है, इसलिए वह हमेशा बाज़ार पर उसके लिए 'कुछ करने' का दबाव डालता है। उसे मूल्य की कोई समझ नहीं होती, इसलिए वह हमेशा अधिक भुगतान करता है। उसने यह कहावत कभी नहीं सुनी, 'जो ब्याज को समझता है, वह ब्याज कमाता है। जो ब्याज को नहीं समझता, वह ब्याज चुकाता है।'

4. ***नियम 4 – मूल्य :*** औसत निवेशक को मूल चक्रवृद्धि प्रणाली से बाहर केवल तभी जाना चाहिए, जब कोई बाज़ार बहुत अच्छा मूल्य प्रदान करता हो। रसेल किसी निवेश को बहुत मूल्यवान तब मानते हैं, जब वह यह प्रदान करता हो : (ए) सुरक्षा; (बी) आकर्षक रिटर्न; और (सी) क़ीमत में वृद्धि का एक अच्छा मौक़ा। अन्य समयों में चक्रवृद्धि मार्ग अधिक सुरक्षित होते हैं और संभवत: बहुत अधिक लाभदायक होते हैं, कम से कम लंबे समय में।

72 का नियम

अमेरिकी निवेशक, फ़ंड मैनेजर और परोपकारी वाल्टर श्लॉस ने 54 वर्षों में 15 प्रतिशत की चक्रवृद्धि वार्षिक वृद्धि दर (सीएजीआर) हासिल की। हमें ऐसे बहुत कम जादूगर मिलते हैं, जिन्होंने पाँच दशकों में लगातार ऐसा रिटर्न दिया हो! श्लॉस चक्रवृद्धि के भी बड़े प्रशंसक हैं, जिसका उपयोग उन्होंने अपनी सफलता के लिए किया। वे चक्रवृद्धि की शक्ति को दर्शाने के लिए 72 के सरल नियम का उपयोग करते हैं, जो आम तौर पर गणित की कक्षाओं में पढ़ाया जाता है।

वाल्टर श्लॉस

72 का नियम कहता है कि जब आप 72 को अपने रिटर्न की अपेक्षित दर से विभाजित करते हैं, तो आपको यह पता चलता है कि आपका पैसा कितने वर्षों में दोगुना होगा। इसलिए यदि आपको 8 प्रतिशत प्रति वर्ष की दर से चक्रवृद्धि ब्याज के साथ 100 डॉलर का निवेश करना है, तो निवेश को 200 डॉलर में बदलने के लिए 72/8 = 9 वर्ष की

आवश्यकता होगी। संयोग से, 8 प्रतिशत लंबे समय में अमेरिकी शेयर बाज़ारों द्वारा उत्पन्न औसत रिटर्न है। इसलिए यदि आप स्टॉक मार्केट इंडेक्स ख़रीदते हैं, तो आपके पास हर 9 साल में अपना पैसा दोगुना करने का अच्छा मौक़ा है – जब तक आप धैर्य रखते हैं, तब तक निष्क्रिय निवेश के लिहाज़ से यह बुरा नहीं है।

कमांडमेंट 2 : अपनी जगह के मालिक बनें में बताए गए 10,000 के नियम की तरह कुछ लोगों के लिए 9 साल थोड़ा लंबा समय हो सकता है। लेकिन जब आप अपने निवेश क्षितिज के बारे में सोचते हैं और अगर आप बीस साल की उम्र में निवेश करने लगते हैं, तो 65 साल की उम्र तक आपका पैसा पाँच गुना हो सकता है, जो आपके पास 2 × 2 × 2 × 2 × 2 = 32 आ जाता है। यानी 3,200 प्रतिशत रिटर्न, यदि आप बाज़ार में बने रहे। इसके अलावा, हमने केवल 8 प्रतिशत औसत स्टॉक मार्केट रिटर्न की धारणा बनाई है। यदि आप बाज़ार के औसत से अधिक कमाई करने में सक्षम हैं, तो आप अपने पैसे को दोगुना करने और तेज़ी से वित्तीय विकास हासिल करने में लगने वाले समय को कम कर देते हैं।

अंत में, अपने विजेताओं को बहुत जल्दी नहीं बेचें। उन्हें मैराथन दौड़ाएँ और दुनिया के 8वें अजूबे को अपना जादू करने दें!

संपत्तियों की संख्या के आधार पर पोर्टफ़ोलियो के दो तिहाई ह्रास की संभावना

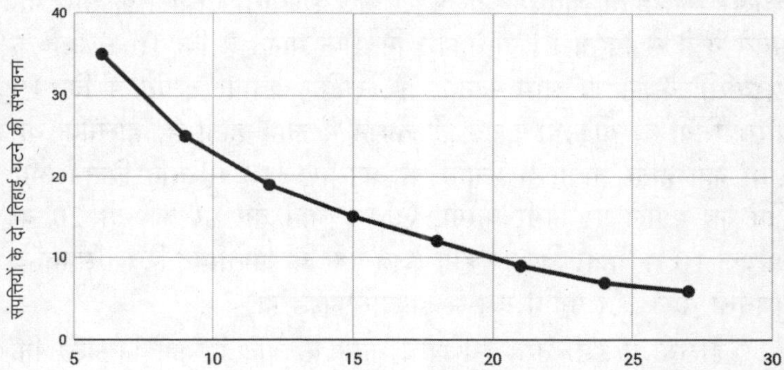

10 संपत्तियाँ जोड़ते हैं, तो जोख़िम आधा हो जाता है। 25 से अधिक परिसंपत्तियाँ होने पर जोख़िम घटकर 6 प्रतिशत हो जाता है। गणित को कारगर बनाने के लिए निवेशकों को ये तीन धारणाएँ रखनी होंगी :

1. व्यक्तिगत हिस्सेदारी पूरी तरह से असंबंधित है।
2. किसी दिए गए महीने में प्रत्येक परिसंपत्ति के जीतने या हारने की समान संभावना होती है।
3. प्रत्येक परिसंपत्ति के मामले में जीत और हार का आकार बराबर होता है।

जैक श्वागर

आप देख सकते हैं कि जैसे–जैसे परिसंपत्तियों की संख्या बढ़ती है, जोख़िम कम होता जाता है और पहले कुछ डाइवर्सिफ़िकेशनों के साथ यह सबसे तेज़ी से गिरता है। अधिकांश निवेशक मानते हैं कि 10 से अधिक डाइवर्सिफ़िकेशन के लाभ न्यूनतम हैं, लेकिन श्वागर दर्शाते हैं कि 10 परिसंपत्तियों के बाद भी डाइवर्सिफ़िकेशन में लाभ होता है, हालाँकि यह लाभ कम होता जाता है। श्वागर के अनुसार, '10 से आगे कितने और होंगे यह मामले पर निर्भर करेगा, लेकिन आम तौर पर कहें तो 20 या अधिक 10 से बेहतर विकल्प होंगे (जब तक कि अतिरिक्त निवेश समतुल्य गुणवत्ता वाले और पर्याप्त रूप से डाइवर्सिफ़ाइड हों)।'

डेलियो ने इसी तरह का शोध करने के बाद निष्कर्ष निकाला कि निवेशक सबसे अच्छा डाइवर्सिफ़िकेशन तब करते हैं, जब उनके पास '15 से 20 अच्छे और असंबद्ध रिटर्न स्ट्रीम' होते हैं – अच्छे और असंबद्ध पर ज़ोर दिया गया है। डेलियो आगे बताते हैं कि जब आपके पास पंद्रह असंबंधित निवेश होते हैं, तो आप 'अपने रिटर्न–टु–रिस्क अनुपात को पाँच गुना सुधार सकते हैं .. यानी एक गुना जोख़िम में अपेक्षित रिटर्न पाँच गुना होता है!' केवल अधिक (असंबंधित) परिसंपत्तियाँ चुनकर आप कम जोख़िम के साथ रिटर्न यानी मुनाफ़े की समान दर अर्जित करते हैं।

यदि आप डेलियो और श्वागर की सलाह मानते हैं और 15 से 20 निवेशों पर पैनी नज़र रखने हैं, तो आपको डाइवर्सिफ़िकेशन से बहुत लाभ हो सकता है। हालाँकि जब आप समान गुणवत्ता वाले 15 असंबद्ध निवेशों को खोजने का प्रयास करते हैं, तो आप अपने आप को बहुत ज़्यादा फैला सकते हैं। याद रखें : होली ग्रेल के लाभों का एक महत्त्वपूर्ण हिस्सा पहले 15 निवेशों से आता है, इसलिए आप कम डाइवर्सिफ़िकेशन करके भी अच्छे लाभ का आनंद ले सकते हैं।

डाइवर्सिफ़िकेशन बेवकूफ़ों के लिए होता है?

निम्नलिखित उद्धरणों पर विचार करें :

1. ***एंड्रयू कार्नेगी :*** 'अमीर बनने का तरीक़ा यह है कि अपने सभी अंडे एक टोकरी में रखें और फिर उस टोकरी पर नजर रखें।'

2. ***मार्क क्यूबन :*** 'संपत्ति प्रबंधन, डाइवर्सिफ़िकेशन, यह सब मूर्खों के लिए है। क्योंकि आप यह जानने के लिए पर्याप्त डाइवर्सिफ़िकेशन नहीं कर सकते कि आप क्या कर रहे हैं।'
3. ***वॉरेन बफ़ेट :*** 'डाइवर्सिफ़िकेशन अज्ञान से सुरक्षा है...लेकिन उन लोगों के लिए इसका कोई मतलब नहीं है जो जानते हैं कि वे क्या कर रहे हैं।'

अब आप पूछ सकते हैं : हमें किस पर विश्वास करना चाहिए? डाइवर्सिफ़िकेशन के पक्षधर लोगों पर या इसके विरोधियों पर? हालाँकि यदि आप बारीकी से पढ़ते हैं, तो पहली नज़र में ये तीन जादूगर डाइवर्सिफ़िकेशन के ख़िलाफ़ लग सकते हैं – लेकिन ऐसा है नहीं।

1. कार्नेगी चाहते हैं कि आप टोकरी को ध्यान से देखें ***(कमांडमेंट 2 : अपनी जगह के मालिक बनें)।*** आपको अपनी टोकरी के बारे में पूरी जानकारी होनी चाहिए, ताकि आप कभी भी अपने सभी अंडे ग़लत समय पर ग़लत टोकरी में नहीं रखें।
2. क्यूबन चाहते हैं कि आप अपना होमवर्क करें ***(कमांडमेंट 5 : धर्म की तलाश करें)।*** आपको यह जानना होगा कि आप किस चीज़ में निवेश कर रहे हैं और यह दृढ़ विश्वास होना चाहिए कि इससे आप अच्छे पैसा कमा सकते हैं। ध्यान रखें कि क्यूबन एक अरबपति हस्ती हैं, जो एनबीए टीमों, फ़िल्म निर्माण और शार्क टैंक पोर्टफ़ोलियो कंपनियों में निवेश करते हैं। वे आपकी सोच से कहीं अधिक डाइवर्सिफ़ाइड हैं।
3. बफ़ेट चाहते हैं कि आप अज्ञानी नहीं बनें/धर्म की तलाश करें ***(कमांडमेंट 5 : धर्म की तलाश करें)।*** आपको यह जानना होगा कि आप क्या कर रहे हैं, जैसा कि क्यूबन भी कहते हैं। बफ़ेट भी अगस्त 2020 में बर्कशायर के अंतर्गत 45 से अधिक कंपनियों के मालिक हैं।

अति-डाइवर्सिफ़िकेशन नहीं करें

डाइवर्सिफ़िकेशन और ग़ैर-डाइवर्सिफ़िकेशन दोनों ही आपके पक्ष में काम कर सकते हैं। लेकिन जैसा कि बफ़ेट, डेलियो और श्वागर कहते हैं, डाइवर्सिफ़िकेशन जोख़िम कम करने का एक उपाय है, जो आपको ग़लत समय पर अपने सभी अंडे ग़लत टोकरियों में रखने से रोकता है। हालाँकि यह आपको अपने सर्वोत्तम निवेश पर अधिकतम रिटर्न पाने से रोकता है, लेकिन यह आपको निचले स्तर का निवेशक बनने से भी बचाता है, जिससे आपका पोर्टफ़ोलियो लंबे समय में सुरक्षित रूप से आगे बढ़ सकता है। नए निवेशकों के लिए डाइवर्सिफ़िकेशन जोख़िम को अधिक निवेशों में फैलाकर आपकी नौसिखिया ग़लतियों को कम महँगा बनाता है।

मगर ध्यान रहे, डाइवर्सिफ़िकेशन की अति नहीं करें, क्योंकि इससे आपका मुनाफ़ा कम हो जाएगा। यदि आप अपना होमवर्क करने में समय नहीं लगाते हैं, तो आप अनजाने में अपने पोर्टफ़ोलियो के लिए ख़राब चयन करेंगे। डाइवर्सिफ़िकेशन की रणनीति हर व्यक्ति के लिए भिन्न हो सकती है, लेकिन आपको हमेशा यह सुनिश्चित करना चाहिए कि आपके पोर्टफ़ोलियो में इतना डाइवर्सिफ़िकेशन हो कि आप कुछ ख़राब अंडों से बच सकें, लेकिन इतना भी नहीं कि आप अपने निवेश की निगरानी ही नहीं कर पाएँ।

जोख़िम घटाने के संदर्भ में डाइवर्सिफ़िकेशन के लाभ स्पष्ट हैं। डाइवर्सिफ़िकेशन के भीतर आप यह भी तय कर सकते हैं कि आप कितने आक्रामक होना चाहते हैं। फ़ाइडेलिटी की *गाइड टु डाइवर्सिफ़िकेशन* का यह चार्ट उनके जोख़िम के संबंध में विविध पोर्टफ़ोलियो के प्रदर्शन की तुलना करता है :

यदि आप आक्रामक विकास या उच्च विश्वास वाले विचारों को आगे बढ़ाने का निर्णय लेते हैं, तो आपका वार्षिक रिटर्न अधिक हो सकता है, हालाँकि वोलेटिलिटी ज़्यादा रहेगी। यदि आप अधिक संतुलित डाइवर्सिफ़िकेशन करने का निर्णय लेते हैं, तो आप अधिकतम रिटर्न के मामले में समझौता करते हैं, लेकिन इससे आपका पोर्टफ़ोलियो अधिक स्थिर होता है। केवल आप ही तय कर सकते हैं कि आप कितना डाइवर्सिफ़िकेशन करना चाहते हैं और कितना जोख़िम उठा सकते हैं।

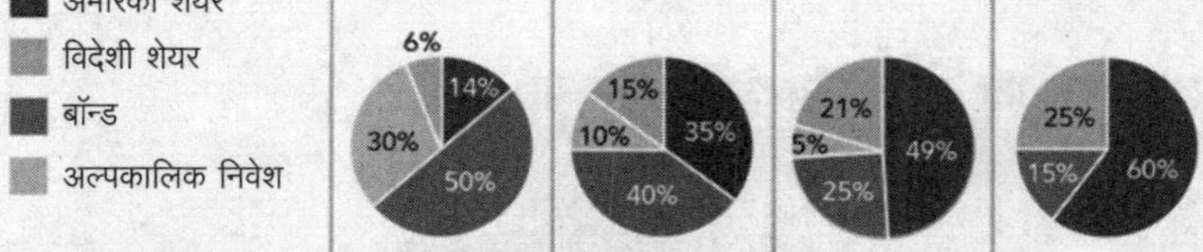

	रूढ़िवादी	संतुलित	ग्रोथ	आक्रामक ग्रोथ
औसत वार्षिक रिटर्न	5.94%	7.93%	8.94%	9.63%
सबसे बुरा 12 महीने का रिटर्न	–17.67%	–40.64%	–52.92%	–60.78%
सबसे अच्छा 12 महीने का रिटर्न	31.06%	76.57%	109.55%	136.07%
सबसे बुरा 20 वर्ष का रिटर्न (वार्षिक)	2.92%	3.39%	3.10%	2.66%
सबसे अच्छा 20 वर्ष का रिटर्न (वार्षिक)	10.98%	13.84%	15.34%	16.49%
ऐतिहासिक वोलेटिलिटी	4.47%	9.51%	13.00%	15.68%

नमूना पोर्टफ़ोलियो डाइवर्सिफ़िकेशन

डाइवर्सिफ़िकेशन करने के लिए आप व्यक्तिगत निवेश चुन सकते हैं या फिर 'पूरे बाज़ार' के इंडेक्स फ़ंड में निवेश कर सकते हैं। यदि आपके पास पर्याप्त समय नहीं है, तो आप जैक बोगल की सलाह पर चल सकते हैं, जो निष्क्रिय 'टोटल मार्केट' इंडेक्स फ़ंड का उपयोग करने की सलाह देते हैं। यह बाज़ार की बढ़त में अपना हिस्सा लेने का सस्ता तरीक़ा भी है।

जैक बोगल का तीन–फ़ंड वाला पोर्टफ़ोलियो

जैक बोगल का 'टोटल मार्केट' पोर्टफ़ोलियो

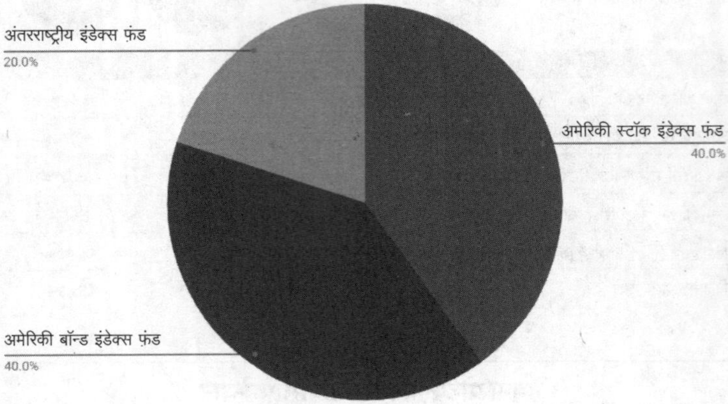

येल एंडोमेंट फ़ंड के प्रसिद्ध प्रबंधक डेविड स्वेनसन को विभिन्न प्रकार के निवेश पसंद हैं। यदि आपको निवेश चुनना पसंद है, तो आप अपने निवेश को सक्रिय और निष्क्रिय निवेश में विभाजित करने पर विचार कर सकते हैं।

डेविड स्वेन्सन का मॉडल पोर्टफ़ोलियो

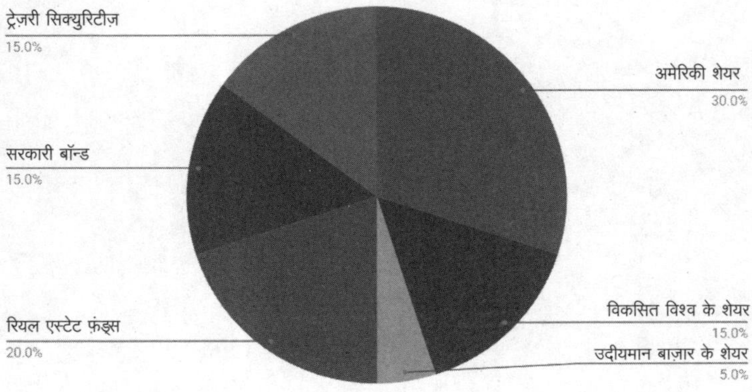

नियम 9 :

पैसे नहीं गँवाएँ

जोख़िम के बिना रिटर्न नहीं मिलता और मुफ़्त में लंच कहीं नहीं मिलता (**कमांडमेंट 8 : डाइवर्सिफ़िकेशन** एक ज्ञात अपवाद है)। याद रखें – मुनाफ़ा समीकरण का केवल आधा हिस्सा है। कई जादूगरों ने सलाह दी है कि बुद्धिमान और मूर्ख निवेशक में अंतर यह होता है कि पहला जोख़िम पर ध्यान केंद्रित करता है, जबकि दूसरा केवल मुनाफ़े पर ध्यान केंद्रित करता है। जोख़िमों से बचना नहीं चाहिए, लेकिन उन्हें पूरी तरह समझना चाहिए। उचित अनुमानित जोख़िम लें और दृढ़ विश्वास होने पर आक्रामक व निर्णायक रूप से निवेश करें (**कमांडमेंट 5 : धर्म की तलाश करें**)। जादूगर धार्मिक रूप से अपने जोख़िमों का प्रबंधन चार तरीक़ों से करते हैं।

घाटे को सीमित करें

'यह महत्त्वपूर्ण नहीं है कि आप जिसे बेचते हैं,
वह लगातार बढ़ता रहे। महत्त्वपूर्ण तो यह है कि जिन्हें
आप नहीं बेचते, वे लगातार नीचे जाते रहें।'

वॉरेन बफ़ेट

हर किसी की तरह जादूगर भी कभी–कभार ख़राब निवेश करते हैं – अहम बात बड़े नुक़सान से बचना है, जो आपके पोर्टफ़ोलियो को नष्ट कर सकता है। जादूगर घाटे में कटौती करने के मामले में अधीर रहते हैं। अवसर छूट जाएँ तो कोई बात नहीं, लेकिन पूँजी की स्थायी हानि कभी भी ठीक नहीं है। सस्ते बाज़ार सस्ते हो सकते हैं और महँगे बाज़ार महँगे हो सकते हैं। हालाँकि यह स्पष्ट है कि आप पैसे नहीं गँवाना चाहते हैं, फिर भी यह महत्त्वपूर्ण क्यों है कि कभी भी बड़ा नुक़सान नहीं हो? नीचे दिया चार्ट दिखाता है कि आपको नुक़सान झेलने के बाद अपने मूल पोर्टफ़ोलियो स्तर पर लौटने के लिए कितना कमाने की आवश्यकता है :

घाटे की भरपाई के लिए आवश्यक रिटर्न

% घाटा	**% आवश्यक लाभ**		**% घाटा**	**% आवश्यक लाभ**
5 %	5.3 %		50%	100%
10 %	11.1 %		75%	300%
20 %	25 %		90%	900%
40 %	66.7%		95%	1900%

हानि का प्रतिशत जितना अधिक होगा, आपको अपने मूल स्तर पर लौटने के लिए उतना ही अधिक लाभ कमाने की आवश्यकता होगी। 5 प्रतिशत हानि होगी, तो भरपाई के लिए केवल 5.3 प्रतिशत की आवश्यकता होगी। हानि 20 प्रतिशत होगी, तो भरपाई में 25 प्रतिशत की ज़रूरत होगी। 50 प्रतिशत हानि हुई, तो 100 प्रतिशत कमाने होंगे। और अगर 90 प्रतिशत का घाटा हुआ, तो भरपाई के लिए 900 प्रतिशत कमाने की आवश्यकता होगी। आप जितना अधिक हारते हैं, खेल में लौटना उतना ही ज़्यादा कठिन हो जाता है।

जिस तरह कमांडमेंट 7 : 'विजेताओं को मैराथन दौड़ाएँ' में विजेता परिसंपत्तियों को अपने पोर्टफ़ोलियो में बनाए रखने की सलाह दी गई है, उसी तरह जादूगरों की सलाह है कि अपने स्पष्ट रूप से पराजित शेयर बेच देना चाहिए, ताकि वे आपके मुनाफ़े को मिटा नहीं दें। फिर भी नए–पुराने

कई निवेशक अपने पिटे हुए शेयर पकड़कर रखने की महँगी ग़लती करते हैं। इस उम्मीद में कि किसी दिन वे भी मुनाफ़े में आ जाएँगे। शेयरों को घाटे में बेचना मनोवैज्ञानिक रूप से कठिन होता है, क्योंकि इससे वे ग़लत साबित होते हैं और कोई भी ग़लत होना पसंद नहीं करता। वे सोचते हैं कि जब तक वे नहीं बेचेंगे, तब तक घाटा वास्तविक नहीं होगा।

जादूगर इस बात को ध्यान में रखते हैं कि बहुत कम बार ही पोर्टफ़ोलियो में 100 प्रतिशत विजेता होते हैं – यहाँ तक कि सर्वश्रेष्ठ निवेशकों के मामले में भी। यदि किसी पोर्टफ़ोलियो में 10 में से सिर्फ़ एक 5 से 10 गुना रिटर्न दे, जबकि अन्य नौ के घाटे को न्यूनतम कर दिया जाए, तो भी समग्र पोर्टफ़ोलियो शानदार रिटर्न देगा। निवेशकों को बस अपने घाटे पर नियंत्रण रखने की ज़रूरत है! उदाहरण के लिए, बफ़ेट घाटे में तेज़ी से और निर्णायक रूप से कटौती करते हैं। वे जानते हैं कि शेयर बाज़ार में नुक़सान निवेश प्रक्रिया का हिस्सा है। महत्त्वपूर्ण बात तो यह है कि इसे इतना बड़ा नुक़सान नहीं बनने दिया जाए कि पोर्टफ़ोलियो ही तबाह हो जाए। अप्रैल 2020 में जब कोविड–19 संकट गहरा था, तब बफ़ेट ने घाटे में कटौती करने के लिए अपने 4 बिलियन डॉलर के एयरलाइन स्टॉक बेच दिए। कारण? उन्होंने देखा कि महामारी – एक अप्रत्याशित घटना – ने यात्रा के आस–पास की संपूर्ण निवेश परिकल्पना को बदल दिया, जिससे उबरने में कई साल लगेंगे। इसलिए उन्होंने घाटावसूली कर ली। मई 2020 में उन्होंने इन्हीं कारणों से अपने महत्त्वपूर्ण बैंक पोर्टफ़ोलियो में कटौती शुरू कर दी।

बड़े नुक़सान से बचें। अपनी टोकरी में मौजूद ख़राब अंडों को अच्छे अंडों के सारे लाभ ख़त्म नहीं करने दें।

मार्जिन ऑफ़ सेफ़्टी

कमांडमेंट 5 : धर्म की तलाश करें दरअसल सुरक्षा के दायरे यानी मार्जिन ऑफ़ सेफ़्टी की अवधारणा है। निवेशकों को तब तक सच्चा विश्वास नहीं हो सकता, जब तक कि प्रवेश मूल्य आंतरिक मूल्य के बराबर या उससे कम नहीं हो। हमने जिन जादूगरों का अध्ययन किया, उनमें से लगभग सभी जादूगर मार्जिन ऑफ़ सेफ़्टी के हिमायती हैं और इस पर अमल करते हैं।

हेज फ़ंड बाउपोस्ट ग्रुप के मुख्य कार्यकारी सेठ क्लारमैन ने कहा कि यह मार्जिन ऑफ़ सेफ़्टी निवेशकों को मरणासन्न बाज़ारों में नुक़सान से बचाता है। उन्होंने आगे बताया कि 'मार्जिन ऑफ़ सेफ़्टी तब प्राप्त होता है जब प्रतिभूतियों (या कोई अन्य परिसंपत्ति) को एक जटिल, अप्रत्याशित और तेज़ी से बदलती दुनिया में मानवीय त्रुटि, दुर्भाग्य, या अत्यधिक अस्थिरता के विपरीत परिणामों से बचाने के लिए अंतर्निहित मूल्य से काफ़ी कम क़ीमतों पर ख़रीदा जाता है।'

वॉरेन बफ़ेट मार्जिन ऑफ़ सेफ़्टी के सबसे कट्टर अनुयायियों में से एक हैं। उन्होंने घोषणा की है कि यह उनके 'निवेश की आधारशिला' है। वे जिस स्टॉक में निवेश करते हैं, उसे इसके आंतरिक मूल्य से 50 प्रतिशत तक के डिस्काउंट पर ख़रीदते हैं। स्टॉक निवेशकों के मामले में हम इसे एबीसी स्टॉक के उदाहरण से समझ सकते हैं। मान लें कि आपने अपना होमवर्क कर लिया है और एबीसी का आंतरिक मूल्य 100 डॉलर निर्धारित किया है, जो आज 120 डॉलर पर चल रहा है। निवेशक 80 डॉलर के भाव पर एक लिमिट ऑर्डर डाल सकता है – आंतरिक मूल्य से 20 प्रतिशत कम – और फिर क़ीमत गिरने का इंतज़ार कर सकता है। हम जानते हैं कि भावनाओं और कई कारकों से प्रेरित शेयर बाज़ार में उतार-चढ़ाव के दौर आते रहते हैं, इसलिए एबीसी किसी दिन गिरकर 80 डॉलर पर आ सकता है। जब ऐसा होगा, तब निवेशक इसे ख़रीद लेगा। दूसरी ओर, यह भी हो सकता है कि एबीसी कभी भी 80 तक नीचे नहीं आए और निवेशक कभी स्टॉक का मालिक नहीं बन पाए। इससे ज़्यादा फ़र्क़ नहीं पड़ता, बशर्ते निवेशक ने मार्जिन ऑफ़ सेफ़्टी रखकर अन्य शेयरों में भी ऐसे ही ऑर्डर दिए हों। निवेश में पर्याप्त मार्जिन ऑफ़ सेफ़्टी रखेंगे, तो अंततः धैर्य का सुखद परिणाम मिलेगा।

आपके सामान्य जोख़िम–न्यूनीकरण साधन

निवेश विशेषज्ञ बड़े नुक़सान को रोकने के लिए कई साधनों का इस्तेमाल करते हैं। यहाँ चार सामान्य बातें बताई जा रही हैं :

1. ***स्टॉप लॉस :*** स्टॉप-लॉस बड़े काम की चीज़ है। जब शेयर का भाव अपेक्षा से विपरीत दिशा में जाता है, तो घाटे को सीमित करने के लिए निवेशक स्टॉप लॉस का इस्तेमाल कर सकता है। जब क़ीमत एक निश्चित बिंदु तक गिर जाती है, तो क़ीमत के और ज़्यादा गिरने तथा बड़े घाटे को रोकने के लिए आपका निवेश स्वचालित रूप से बेच दिया जाएगा। इसका बड़ा फ़ायदा यह है कि आप घाटे में कटौती करने और गिरावट को कम करने के मामले में बहुत अनुशासित हो जाते हैं। हालाँकि आपको ध्यान रखना चाहिए कि आम तौर पर बाज़ार में अल्पकालिक उतार-चढ़ाव आते रहते हैं, जिस वजह से स्टॉप-लॉस संयोगवश ट्रिगर हो सकता है। इस स्थिति से बचने के लिए आप स्टॉक के भाव के लगभग 15-25 प्रतिशत पर स्टॉप लॉस तय कर सकते हैं।
2. ***कनवर्टिबल नोट :*** निजी इक्विटी में निवेशक खुद को निवेश जोख़िमों से बचाने के लिए अक्सर कनवर्टिबल नोट्स का उपयोग करते हैं। कनवर्टिबल नोट एक विशेष प्रकार का ऋण होता है, जिसे निवेशक व्यवसाय की इक्विटी (स्वामित्व) में परिवर्तित कर सकता है। चूँकि ऋण अधिक सुरक्षित है (इक्विटी से अधिक प्राथमिक), इसलिए निवेशक ज़्यादा सुरक्षित रहता है और यदि शेयर भविष्य में अच्छा प्रदर्शन नहीं करे, तो निवेशक इक्विटी में परिवर्तित नहीं करने का विकल्प चुन सकता है।
3. ***पुट ऑप्शन :*** पुट ऑप्शन एक मायने में आपके निवेश का बीमा है। निवेशक और प्राप्तकर्ता निवेश से पहले निवेशकों को पूर्व निर्धारित मूल्य बिंदु पर (इस विकल्प के लिए प्रीमियम का भुगतान करने के बाद) अपने शेयर बेचने का विकल्प देने के लिए सहमत होते हैं। यदि बाज़ार मूल्य काफ़ी गिर जाता है, तो निवेशक बाज़ार में कम क़ीमत पर शेयर ख़रीद सकता है और पूर्व निर्धारित मूल्य बिंदु पर अपने शेयर बेच सकता है।
4. ***कोलेटरल :*** यह रियल एस्टेट में विशेष रूप से महत्त्वपूर्ण है। ऋणदाता आम तौर पर यह देखना चाहते हैं कि आपके पास

'कोलेटरल' के रूप में उपयोग करने के लिए मूल्यवान संपत्ति है, ताकि यदि उधारकर्ता अपना ऋण वापस नहीं चुका पाए, तो उनके पास जब्त करने के लिए मूल्यवान संपत्ति हो। ऋण देने वालों – चाहे बैंक निजी व्यक्तियों को ऋण दे रहा हो या डेट फ़ंड्स को – को अतिरिक्त सुरक्षा के लिए अक्सर अन्य परिसंपत्तियों के कोलेटरल की व्यक्तिगत गारंटी चाहिए होती है। इससे कोई फ़र्क़ नहीं पड़ता कि आप किस परिसंपत्ति श्रेणी में या रणनीति के साथ निवेश करना चुनते हैं, हमेशा नकारात्मक पक्ष को पूरी तरह से समझें (आप कितना गँवा सकते हैं) और बड़े नुक़सान को कम करने के तरीक़े खोजें।

'वाइफ़ बीटर विली' की सच्ची कहानी नीचे दिए गए बिंदु संख्या तीन और चार को दर्शाती है। अपने करियर की शुरुआत में सैन ने एक बहु-अरब डॉलर की निजी इक्विटी फ़र्म में निवेश प्रबंधक के रूप में काम किया। उनका पहला सौदा फ़िलीपींस के एक मोबाइल फ़ोन ऑपरेटर में 16.5 मिलियन डॉलर का निवेश था। सैन ने संस्थापक और सीईओ विली से मुलाक़ात की, जो नीली जींस और हल्के प्लेड जैकेट वाले लंबे आदमी थे, जिन्होंने सैन के हांगकांग कार्यालय का दौरा किया।

हालाँकि लक्ष्य निवेश फ़ंड के सभी मानदंडों को पूरा करता था, लेकिन सैन के अंदरूनी अहसास ने उन्हें बताया कि विली के बारे में कुछ 'अप्रिय' था। एक बात, विली ने अपनी जैकेट के नीचे एक सफ़ेद टैंक-टॉप (जिसे आम तौर पर 'वाइफ़ बीटर शर्ट' कहा जाता है) के अलावा कुछ नहीं पहना था। अपने निवेश का दावा पेश करते समय विली ने कई बार खुद का खंडन भी किया और पीछे मुड़कर देखें तो फ़ंड टीम को इनमें से कुछ ख़तरे की घंटियों पर ध्यान देना चाहिए था। फ़ंड के साझेदारों ने निवेश करने का फ़ैसला किया, लेकिन सौदे में पुट विकल्प जोड़ने के सैन के आग्रह के बाद ही। पुट विकल्प में यह निर्धारित किया गया था कि निवेश के पाँच साल के भीतर किसी भी समय फ़ंड पूँजी और ब्याज की माँग कर सकता है। विली और उसके परिवार के स्वामित्व की 16.5 मिलियन डॉलर से अधिक मूल्य की इमारतों को गिरवी रख लिया गया।

निवेश के तुरंत बाद विली ने संवाद बंद कर दिया और परियोजना में कई विलंब हुए। चौथे वर्ष में फ़ंड ने अपने पुट विकल्प का प्रयोग करने का निर्णय लिया, लेकिन विली ग़ायब हो गया। वह हांगकांग या फ़िलीपींस में कहीं नहीं मिला। पैसे भी चले गए थे। जब फ़ंड ने संपत्तियों को जब्त करके वसूली की कोशिश की, तो उन्हें पता चला कि विली इन संपत्तियों को पहले ही बेच चुका था। फ़ंड ने हांगकांग और फ़िलीपींस पुलिस दोनों को शामिल कर लिया। तीन साल बाद विली को गिरफ़्तार कर लिया गया और अंततः विली की अन्य संपत्तियों से धन बरामद कर लिया गया। पुट विकल्प के लिए ईश्वर का धन्यवाद!

कहानी का सबक़ क्या है? हमेशा नकारात्मक पहलू से सुरक्षित रहने की व्यवस्था करें। और सैन यह भी कहेंगे कि अपने अंतर्ज्ञान पर भरोसा रखें और ऐसे संस्थापक में कभी निवेश नहीं करें, जो वाइफ़ बीटर शर्ट पहनता हो!)

अधिक लीवरेजिंग नहीं करें

'लीवरेज' शब्द भौतिकी से आया है, जिसका अर्थ है बल बढ़ाने वाली प्रणाली या उपकरण। निवेश में लीवरेज का अर्थ आम तौर पर उधार लेकर निवेश करना है। लीवरेज्ड निवेश दुधारी तलवार जैसा होता है, जो कमाई और जोख़िम दोनों को बढ़ाता है। निवेश में किसी भी अन्य चीज़ की तरह, जब आप लीवरेजिंग का उपयोग करके सही दिशा में दाँव लगाते हैं तो आपको बड़ा पुरस्कार मिलता है, लेकिन ग़लत दिशा में लगा दाँव बड़े घाटे के कारण आपके पोर्टफ़ोलियो को तबाह भी कर सकता है।

उदाहरण के लिए, यदि आपने 100 डॉलर से शुरुआत की और 200 डॉलर क़ीमत का टेस्ला स्टॉक ख़रीदने के लिए 100 डॉलर उधार लिया, तो 50 प्रतिशत की वृद्धि से आपको 100 प्रतिशत का रिटर्न मिलेगा। इसके विपरीत, 50 प्रतिशत की गिरावट पूरे पोर्टफ़ोलियो को ख़त्म कर देगी। 50 प्रतिशत घाटे के बाद ब्रोकर आपसे ख़ाते में और पैसे डालने को कह सकता है, या फिर वे ऋण की वसूली के लिए आपकी इक्विटी होल्डिंग्स बेच देंगे (वे ही चुनते हैं कि क्या और कब बेचना है)। लीवरेज निवेश में एक ग़लत निर्णय आपके घाटे को बढ़ाकर इसे और अधिक कठिन बना देता है, जैसा कि हम इस अध्याय में पहले ही सीख चुके हैं।

लाई का शिंग

लाई का शिंग एशिया के सबसे धनी व्यवसायियों और निवेशकों में से एक हैं। उन्हें हांगकांग में 'सुपरमैन' कहा जाता है और वे निवेश में लीवरेजिंग के इस्तेमाल के मुखर आलोचक हैं। 2008 के वित्तीय संकट के दौरान सुपरमैन बाज़ार के निचले स्तर पर पहुँचने की उम्मीद कर रहे थे। उन्होंने हांगकांग के सट्टेबाज़ों यानी स्पेकुलेटर्स को चेतावनी दी थी कि अगर वे और अधिक घाटा नहीं झेल सकते हों, तो अपने वित्तीय जोख़िम को अधिक नहीं बढ़ाएँ। *शार्क टैंक* स्टार केविन ओलियरी भी अधिकांश निवेशकों को सलाह देते हैं कि वे शेयर ख़रीदने के लिए कभी भी लीवरेज का इस्तेमाल नहीं करें। बफ़ेट ने 2010 में शेयरधारकों को लिखे पत्र में कहा था, 'सकारात्मक संख्याओं की कोई भी श्रंखला, चाहे यह कितनी भी प्रभावशाली क्यों ना हो, शून्य से गुणा करने पर लुप्त हो जाती है।' अक्सर लीवरेज शून्य पैदा करता है और बफ़ेट ने बार-बार कहा है कि 'स्मार्ट लोगों को फँसाने का एकमात्र तरीक़ा लीवरेज है।'

लीवरेज लालची लोगों को लुभाने के मामले में अच्छा काम करता है। यदि आप इसका उपयोग करते हैं, तो कृपया महारथियों की बात मानें और अत्यधिक सावधानी के साथ ऐसा करें।

सही होते हुए भी ग़लत

1997 के एशियाई वित्तीय संकट के एक साल बाद दुनिया एक और वैश्विक वित्तीय संकट के कगार पर थी। 1994 में सॉलोमन ब्रदर्स के पूर्व उपाध्यक्ष और बॉन्ड ट्रेडिंग के मुखिया जॉन मेरिवेदर ने लॉन्ग-टर्म कैपिटल मैनेजमेंट (एलटीसीएम) का गठन किया। मेरिवेदर ने अपने संचालक मंडल में मायरोन एस. स्कोल्स और रॉबर्ट मेर्टन को नियुक्त किया, जिन्हें डेरिवेटिव्ज़ के मूल्य निर्धारण की उपलब्धि के लिए अर्थशास्त्र में 1997 का नोबेल पुरस्कार मिला था। ऐसे बड़े नामों की वजह से निवेशक एलटीसीएम में निवेश करने के लिए उमड़ पड़े। फ़ंड की मुख्य रणनीति कन्वर्जेंस बॉन्ड ट्रेडिंग थी। यहाँ एक उदाहरण है (कमज़ोर दिल वालों के लिए नहीं, लेकिन समझने की कोशिश करें)।

यदि आपके पास 29.5-वर्षीय ट्रेज़री बांड और 30-वर्षीय ट्रेज़री बांड है, तो आप मूल रूप से उनकी क़ीमत समान होने की उम्मीद कर सकते हैं, जब तक कि आप यह ना सोचते हों कि अमेरिकी सरकार छह महीने की अवधि के भीतर अपने ऋण पर डिफ़ॉल्ट करेगी (बहुत कम संभावना)। एलटीसीएम ने पाया कि बाज़ार में उनकी उच्च तरलता के कारण 30-वर्षीय बांड की क़ीमत हमेशा थोड़ी अधिक होती है (कम लिक्विडिटी वाले निवेश का मूल्य कम होता है)। अधिक क़ीमत वाले 30-वर्षीय बांड को शॉर्ट करके और कम क़ीमत वाले 29.5-वर्षीय बांड को ख़रीदकर एलटीसीएम अपने दाँव को हेज करता है और क़ीमतें बराबर होने तक विसंगतियों से मुनाफ़ा कमाता है।

संक्षेप में, उनकी रणनीति आरबिट्रेज का सह-उत्पाद है। एलटीसीएम इस रणनीति का उपयोग करके कई अलग-अलग उत्पादों की ट्रेडिंग करता है, जिनमें ग़ैर-अमेरिकी सॉवरेन बांड भी शामिल हैं। फ़ंड 1994 से 1996 तक काफ़ी सफल रहा। इसने अपने शुरुआती तीन वर्षों में 20 प्रतिशत, 43 प्रतिशत और 41 प्रतिशत की कमाई की। हालाँकि रणनीति सटीक लगती

थी, लेकिन 29.5 और 30-वर्षीय बांड के बीच स्प्रेड (अंतर) काफ़ी कम थे और रिटर्न को बढ़ाने के लिए लीवरेज की आवश्यकता थी। 1997 के अंत में कंपनी ने 7.3 बिलियन डॉलर की पूँजी के साथ शुरुआत की थी, लेकिन इसने 120 बिलियन डॉलर की संपत्ति ख़रीदी - यानी 16 गुना लीवरेजिंग।

हालाँकि आम तौर पर क़ीमतें अंततः उचित मूल्य पर आ जानी चाहिए, लेकिन हम **कमांडमेंट 4 : मुर्दा मछली नहीं बनें** से जानते हैं कि बाज़ार की भावनाएँ अल्पावधि में क़ीमतों को घटा-बढ़ा सकती हैं। अगले वर्ष एलटीसीएम ने निवेशकों को कुछ पैसे लौटा दिए। अब इसके पास 4.7 बिलियन डॉलर थे। जब 1998 में रूस ने अपने राष्ट्रीय ऋण पर डिफ़ॉल्ट किया, तो एक और एशियाई वित्तीय संकट का डर बाज़ारों में फैल गया, जिससे निवेशक जोख़िम भरे निवेशों से सुरक्षित जगहों की ओर तेज़ी से भागने लगे। 30-वर्षीय बांड की क़ीमतें तुरंत बढ़ गईं, जिसे एलटीसीएम ने शॉर्ट किया था। यही नहीं, 29.5-वर्षीय बांड की क़ीमतें गिर गईं, जिन्हें एलटीसीएम ने ख़रीद रखा था। अल्पकालिक अस्थिरता के कारण एलटीसीएम को ट्रेड के दोनों सिरों पर पैसा खोना पड़ रहा था। सितंबर के मध्य तक एलटीसीएम की इक्विटी घटकर 600 मिलियन डॉलर रह गई।

आप सोचेंगे कि एलटीसीएम को तब तक कोई दिक्क़त नहीं होनी चाहिए, जब तक वह इन निवेशों को पर्याप्त लंबे समय तक रोककर रखे। लेकिन एलसीटीएम की अति लीवरेजिंग के कारण बैंकों को चिंता होने लगी कि क्या फ़र्म उनके पैसे लौटा पाएगी। यदि बैंकों ने अपना ऋण वापस माँगा, तो एलसीटीएम को अपनी परिसंपत्तियाँ बेचने के लिए मजबूर होना पड़ेगा। समस्या यह थी कि ये परिसंपत्तियाँ इतनी ज़्यादा थीं कि वित्तीय बाज़ारों में हड़कंप मचना तय था। हालाँकि क़ीमत अंततः ठीक हो जाएगी, लेकिन ऋण के आकार को देखते हुए फ़ेड को क़दम उठाना पड़ा। बैंकों के एक समूह को फ़र्म का 90 प्रतिशत हिस्सा ख़रीदने और उसके वित्तीय दायित्वों को प्राप्त करने के लिए एक सौदा करना पड़ा। हालाँकि एलटीसीएम के पास एक स्मार्ट सिस्टम था, लेकिन इसकी अति लीवरेजिंग अंततः इसके पतन का कारण बनी।

कहानी का सबक़ : लीवरेजिंग का इस्तेमाल अत्यधिक सावधानी के साथ करें। यदि एलटीसीएम की सुपरस्टार एलीट टीम के हाथ जल गए, तो आपके क्यों नहीं जलेंगे?

अंदर से पहले बाहर

'हर कंपनी को एक निकास रणनीति और निकास योजना की आवश्यकता होती है। आदर्श रूप से, कंपनी में निवेश का पहला डॉलर जाने से पहले संस्थापकों को निकास रणनीति तय कर लेनी चाहिए।'

बासिल पीटर्स

पीटर्स एंजेल इनवेस्टर हैं। वे सिस्को द्वारा ख़रीदी गई एक प्रौद्योगिकी कंपनी के पूर्व सीईओ थे। उन्होंने प्रौद्योगिकी कंपनियों के संस्थापकों को सलाह देते हुए अपनी पुस्तक में उपरोक्त उद्धरण लिखा था। 'अंदर से पहले बाहर' का यही सिद्धांत निवेश पर भी लागू होता है। स्पष्ट निकास रणनीति के बिना कभी भी किसी परिसंपत्ति में निवेश नहीं करें। वास्तव में, सर्वोत्तम निवेशों में कई निकास विकल्प होते हैं। जब आपने निवेश नहीं किया होता, तब आप तटस्थ और वस्तुनिष्ठ होते हैं, इसलिए इसी समय घाटे को सीमित करने के लिए बाहर निक़लने की एक स्पष्ट योजना तैयार करना और उसका निष्ठा से पालन करना महत्त्वपूर्ण है।

उदाहरण के लिए, स्टॉक निवेश में समझदार निवेशक स्टॉक का आंतरिक मूल्य निर्धारित करते हैं। वे आम तौर पर मार्जिन ऑफ़ सेफ़्टी के साथ उस मूल्य से कम क़ीमत पर ख़रीदने का ऑर्डर डालते हैं। वे टेक-प्रॉफ़िट ऑर्डर (टीपीओ) भी डाल सकते हैं, जो कि स्टॉप-लॉस ऑर्डर के विपरीत होता है। टीपीओ आदेश का मतलब होता है कि यदि कोई पोज़ीशन एक निश्चित क़ीमत तक पहुँच जाती है, जो निवेशकों के आंतरिक मूल्य के आकलन से ऊपर है, तो उसे बेच दिया जाना चाहिए, जिससे बाहर निकलने की रणनीति लॉक हो जाएगी।

हमने पिछली साइडबार में स्टॉप-लॉस निकास रणनीति के रूप में पुट विकल्प का भी प्रदर्शन किया था। रियल एस्टेट में भी स्मार्ट निवेशक कई निकास रणनीतियों का उपयोग करते हैं। उदाहरण के लिए, एकाधिक-परिवार वाले अपार्टमेंट निवेश में, निकास विकल्पों में रिफ़ाइनैंसिंग (कैश आउट सिद्धांत), संपूर्ण संपत्ति की एकमुश्त बिक्री या कॉन्डो में परिवर्तित करके आंशिक बिक्री शामिल हो सकती है। अगली साइडबार एक वास्तविक प्रकरण का उदाहरण दिखाती है।

अंदर से पहले बाहर का सिद्धांत तार्किक है और घाटे को कम करने के लिए समग्र जोखिम शमन रणनीति में आवश्यक है।

बीआरआरआरआर – एकाधिक निकास (और अनंत इक्विटी रिटर्न)

सैन और इया बहु-परिवार आवास में निवेश करते समय विभिन्न रणनीतियों का इस्तेमाल करते हैं। एक रणनीति है बीआरआरआरआर – ख़रीदें, पुनर्वसन, किराया, रिफ़ाइनैंस और दोहराएँ। यह वास्तव में कई निकास विकल्पों वाली अद्‌भुत रणनीति है – और इसे सही तरीक़े से करने पर अनंत इक्विटी रिटर्न मिलता है। उनकी रणनीति का सार मूल्य बढ़ने की क्षमता वाले अंडरवैल्यूड बहु-परिवार अपार्टमेंट भवनों पर ध्यान केंद्रित करना है। हम इसे एक हालिया वास्तविक जीवन के उदाहरण से स्पष्ट करेंगे।

उनके दोस्त माइक ने न्यू जर्सी में 290,000 डॉलर नक़द में पाँच-यूनिट वाला बहु-परिवार भवन ख़रीदा। उस समय इसमें केवल दो किरायेदार थे और काफ़ी मरम्मत की आवश्यकता थी। अगले नौ महीनों में माइक ने संपत्ति को बेहतर बनाने के लिए 100,000 डॉलर ख़र्च किए, जिसमें टपकती छतों को बदलना और कई यूनिट्स को नया रूप देना शामिल था।

एक साल बाद इमारत के सभी पाँच यूनिट्स को 7,000 डॉलर प्रति माह से अधिक के किराये पर दे दिया गया। कोविड-19 और ख़राब अर्थव्यवस्था के बावजूद माइक एक स्थानीय बैंक से मॉर्टगेज हासिल करने में सक्षम रहे, जिसने कैशफ़्लो बढ़ने के कारण संपत्ति का मूल्य 640,000 डॉलर आँका। बैंक ने मूल्य का 65 प्रतिशत यानी 4,16,000 डॉलर ऋण दिया, जबकि माइक ने 35 प्रतिशत का भुगतान किया, जबकि इमारत का

100 प्रतिशत स्वामित्व उसी के पास रहा। मौजूदा किराये में से मासिक मॉर्टगेज भुगतान और ख़र्च निकालने के बाद हर महीने लगभग 1,000 डॉलर का शुद्ध कैशफ़्लो होता है। माइक संपत्ति में निवेश क़िए गए कुल 3,90,000 डॉलर से 4,16,000 डॉलर अपनी जेब में रखता है, यानी जायदाद में अपने निवेश से 26,000 डॉलर अधिक। चूँकि माइक के पास 100 प्रतिशत संपत्ति है और उसने 26,000 डॉलर के अधिशेष के साथ अपना सारा मूल धन वसूल कर लिया है, साथ ही किराये के कैशफ़्लो से शुद्ध मासिक 1,000 डॉलर की आय प्राप्त की है, इसलिए इस निवेश पर उसका इक्विटी रिटर्न वास्तव में *अनंत* है।

बीआरआरआरआर रणनीति कई निकास विकल्प प्रदान करती है। सबसे पहले, 416,000 डॉलर कैश-आउट रिफ़ाइनैंस। माइक 6,40,000 डॉलर पर संपत्ति बेचने का विकल्प भी चुन सकता था। वह शहर में इमारत को 'कॉन्डो' में बदलने और प्रत्येक इकाई को व्यक्तिगत रूप से बेचने के लिए भी आवेदन कर सकता था।

यही कारण है कि अनुभवी जायदाद निवेशक बीआरआरआरआर को पसंद करते हैं।

नियम 10:

मन पर ध्यान दें

इस पुस्तक के पाठक और निवेश के अन्य गंभीर छात्र संभवत: पहले नौ कमांडमेंट्स के तर्क को आसानी से समझ लेंगे और उनसे सहमत भी होंगे। आख़िरकार, 10 कमांडमेंट्स को दुनिया के सबसे महान निवेश जादूगरों ने विकसित किया है – इतिहास में विभिन्न समय–सीमाओं में समान मार्गदर्शक सिद्धांतों का पालन करने और उन्हें विभिन्न भौगोलिक क्षेत्रों, परिसंपत्ति श्रेणियों और रणनीतियों पर लागू करने से उन्हें ज़बर्दस्त सफलता मिली है। आप भी 10 कमांडमेंट्स का उपयोग करके लाभ प्राप्त कर सकते हैं।

धर्म की तरह यहाँ भी सबसे मुश्किल हिस्सा कमांडमेंट्स को नहीं समझना है। धर्मनिष्ठ ईसाई बाइबिल के दस कमांडमेंट्स को पूरी तरह से समझते हैं – बस वर्षों तक लगातार इन दिशानिर्देशों का पालन करना बहुत कठिन होता है। सतत पालन ही कुंजी है। लोगों को स्कूल और ऑफ़िस में, अपने बच्चों के साथ या विवाह के दौरान कठिन समय का सामना करना पड़ता है, जिस कारण वे बाइबल स्कूल या चर्च में सिखाए गए कमांडमेंट्स का उल्लंघन करने लगते हैं। यही निवेश में भी होता है। अधिकांश निवेशक – चाहे शुरुआती हों या पूर्णकालिक पेशेवर, इस अंतिम और शायद 10 कमांडमेंट्स में से सबसे कठिन, ***कमांडमेंट 10 : मन पर ध्यान दें*** के कारण विफल हो जाते हैं। हम निवेशकों द्वारा की गई तीन सबसे आम

और ख़तरनाक मानसिक ग़लतियों का वर्णन करते हैं और यह बताते हैं कि दीर्घकालीन सफलता पाने वाले महारथी उनसे कैसे उबरते हैं।

भावनाओं और अहंकार पर नियंत्रण रखें

अधिकांश निवेश ग़लतियाँ अज्ञान, निकट दृष्टि और अहंकार के कारण होती हैं – मुख्यत: अहंकार के कारण। अहंकार या अत्यधिक गर्व और अति आत्मविश्वास का अर्थ है योग्यता के एक सुपरिभाषित दायरे में नहीं रहना। आपको अपुष्ट साक्ष्यों की पहचान करनी चाहिए और उनका समाधान करना चाहिए। झूठी सटीकता और निश्चितताओं की लालसा का विरोध करें। सबसे बढ़कर, इसका मतलब है कि कभी भी स्वयं को मूर्ख नहीं बनाएँ, क्योंकि स्वयं को मूर्ख बनाना सबसे आसान होता है। लचीले और विनम्र बनें; अपनी ग़लतियों से सीखें। माइकल स्टीनहार्ट ने कहा, 'अच्छा निवेश आपके विचारों का पालन करने के दृढ़ विश्वास और ग़लती होने पर उसे पहचानने के लचीलेपन के बीच एक अजीब संतुलन है।'

निवेश के जादूगर हमें शांत रहने और अपने स्वाभाविक आशावाद को संयत रखने की सलाह देते हैं। वे हमें अपनी शक्तियों, कमज़ोरियों और सीमाओं की जानकारी रखने की सलाह भी देते हैं। ध्यान रखें, मानव स्वभाव ज़्यादातर समय जीतना चाहता है (उदाहरण के लिए, बहुत बार छोटी मुनाफ़ावसूली करना) और घाटे को नापसंद करता है (उदाहरण के लिए, मूल लागत की एवरेजिंग करने के लिए अधिक ख़रीदना या घाटे वाली होल्डिंग को बेचने से इंकार करना)। जादूगर जानते हैं कि हार भी प्रक्रिया का हिस्सा है, इसलिए वे इसे स्वीकार करना सीखते हैं। वैचारिक स्वतंत्रता पाने और अपने क्षेत्र का मालिक बनने के लिए निवेशकों को वही करना चाहिए, जो निवेश के महारथी करते हैं : क्षमता के एक अच्छी तरह से परिभाषित दायरे में रहें। 10,000 घंटे का नियम लागू होता है।

जादूगर यह भी जानते हैं कि अच्छे प्रदर्शन, विशेष रूप से अल्पकालिक, अक्सर भाग्य के कारण होते हैं और उन्हें बढ़ाया या दोहराया नहीं जा सकता। निवेशकों को यह समझना चाहिए कि सबसे कठिन कामों

में से एक है किसी की सोच को उलटना, ख़ासकर यदि कोई विशिष्ट दृष्टिकोण या निवेश लंबे समय से लाभदायक रहा हो। सफलता की अवधि जितनी लंबी होगी, उलटफेर उतना ही महत्त्वपूर्ण होगा।

अंतिम बात यह है कि कभी भी स्वयं को मूर्ख नहीं बनाएँ, क्योंकि स्वयं को मूर्ख बनाना सबसे आसान है। जो बेहतरीन लगता है, वह अक्सर ग़लत काम होता है – जैसे कि गिरने पर ख़रीदारी करना, क्योंकि यह पिछले सप्ताह की तुलना में बेहतर क़ीमत लगती है, आपके अधिक ऊँचे भाव पर ख़रीदने के कारण एवरेजिंग करना, या सही महसूस करने के लिए छुटपुट मुनाफ़ावसूली करना, जबकि आप दुर्लभ 10–बैगर को चूक जाते हैं।

इसके अलावा, दशकों से लगातार अच्छा प्रदर्शन करने वाले जादूगर निवेश से अपनी भावनाओं को दूर रखते हैं। वे ***कमांडमेंट 4 : मुर्दा मछली नहीं बनें*** को कभी नहीं भूलते और याद रखते हैं कि अन्य लोगों की भावनाएँ हमेशा उनकी सबसे अच्छी दोस्त हैं। उन्हें धोखा देने का मतलब है पालन नहीं करना। एक अच्छा निवेश दर्शन और रणनीति तैयार करें। भावनात्मक अनुशासन अपनाएँ और अपनी योजना का ईमानदारी से पालन करें; भीड़ का विरोध करें और झुंड का हिस्सा नहीं बनें। यदि आप प्रलोभन का विरोध नहीं कर सकते, तो आपको अपने पैसे का प्रबंधन बिलकुल नहीं करना चाहिए।

सर्वकालिक सर्वश्रेष्ठ जादूगरों में से एक होने के बावजूद बफ़ेट अक्सर कहते हैं कि वे भावनाओं और अहंकार को नियंत्रित करने के लिए 'विनम्रता और संयम बरतते हैं'। इसी तरह, उनके साथी चार्ली मंगर बौद्धिक विनम्रता पर ज़ोर देते हैं, 'जो आप नहीं जानते, उसे स्वीकार करना ही ज्ञान का उदय है।'

एक बार फिर कहना चाहूँगा, *जो आप नहीं जानते, उसे जानना ही ज्ञान का उदय है।*

रे डेलियो की मुख्य सलाह

रे डेलियो बाज़ार और निवेश के साथ-साथ जीवन सिद्धांतों के सबसे मुखर, सम्मानित और विपुल आधुनिक शिक्षकों में से एक हैं। सामान्य गूगल सर्च

में ही उनके हज़ारों लेख, वीडियो और पॉडकास्ट मिल जाएँगे। हम उन्हें यहाँ नहीं दोहराएँगे। डेलियो से हम ये सबसे बड़े सबक़ सीख सकते हैं :

1. ***वैचारिक स्वतंत्रता विकसित करें :*** स्वयं सोचें और काम करें; स्वतंत्र राय बनाएँ।
2. ***तनाव–परीक्षण :*** अपने आस-पास के सबसे बुद्धिमान लोगों को ढूँढ़ें और उनसे भिन्न राय पूछें; 'क्यों?' फिर अपने निष्कर्षों का तनाव परीक्षण करें। यह जानने की कोशिश नहीं करें कि आप सही क्यों हैं (आप यह पहले से ही जानते हैं), बल्कि यह पता लगाने के लिए पर्याप्त स्मार्ट लोगों से पूछें कि आप कैसे ग़लत हो सकते हैं (इस प्रकार आप महँगी ग़लतियों से बच जाते हैं)।
3. ***विनम्र रहें :*** अति आत्मविश्वासी नहीं बनें। अहंकार हानिकारक हो सकता है।
4. ***सुधार करें*** : सीखते रहें, विशेषकर ग़लतियों से। और सुधार करते रहें।
5. ***दोहराएँ***

सीखते रहें

'जिस निवेशक के पास सभी उत्तर हैं,
वह सभी प्रश्नों को समझता भी नहीं है।'

सर जॉन टेम्पलटन

हमने जिन भी जादूगरों का अध्ययन किया, उन्होंने वर्षों तकअपनी कला को निखारा। फिर भी, उनमें से कोई भी स्वयं को ग़लतियों से सुरक्षित नहीं मानता है।

वे सीखने की अवस्था में बने रहते हैं। सब कुछ लगातार बदल रहा है। बुद्धिमान निवेशक मानता है कि सफलता लगातार नए प्रश्नों के उत्तर खोजने की प्रक्रिया है।

नील शेन

नील शेन, जिन्होंने सिकोइया कैपिटल चाइना की स्थापना की और उसे चलाया, उद्यम पूँजीपतियों की वैश्विक 'मिडास सूची' में लगातार आते हैं। 2020 में शेन विश्व में नंबर वन स्थान पर रहे, जिसका अर्थ है कि उन्होंने किसी भी अन्य वीसी की तुलना में निवेशकों के लिए अधिक पैसा कमाया। शेन को 'यूनिकॉर्न हंटर' के रूप में जाना जाता है, जिन्होंने चीन की लगभग आधी सबसे मूल्यवान इंटरनेट कंपनियों में शुरुआती निवेश किया था – उनमें से कई घरेलू नाम जैसे अलीबाबा, जेडी.कॉम, मीटुआन-डिआनपिंग, दीदी-चक्सिंग, सीट्रिपडॉटकॉम आदि थे। यहाँ तक कि बाइटडांस नामक स्टार्टअप भी, जिसने दुनिया को टिकटॉक जैसी वैश्विक सनसनी दी।

शेन अपनी सफलता का श्रेय लगातार सीखते रहने को देते हैं। वे कहते हैं, 'यहाँ तक कि अलीबाबा और टेनसेंट जैसी सफल कंपनी को भी यह डर लगा रहता है कि उसका मौजूदा बिज़नेस मॉडल किसी न किसी दिन बाधित हो जाएगा... जो मायने रखता है वह है मुख्य क्षमताओं पर टिके रहना और लगातार बदलते बाज़ार में बदलावों को अपनाना।' ऐसा करने

का एकमात्र तरीक़ा यह है कि हर दिन की शुरुआत नई आँखों और सीखने की इच्छा रखने वाली मस्तिष्क कोशिकाओं के साथ की जाए।

प्रौद्योगिकी की तरक़्क़ी से प्रगति ज़्यादा तेज़ी से आती जा रही है। आज यह आश्चर्य की बात नहीं है कि छोटी कंपनियों में मौजूदा लीडर्स को बाधित करने की क्षमता है, क्योंकि उपभोक्ताओं की प्राथमिकताओं के अनुरूप व्यवसायों को तेज़ी से आगे बढ़ना होगा। बाज़ार के नए रुझानों की जानकारी रखें। इससे आप अच्छे व्यवसाय और अवसर ढूँढ़ने में सक्षम होंगे। अनभिज्ञ होना आँख मूँदकर निवेश करने जैसा है।

मन का ध्यान रखें

जादूगर मानते हैं कि शांत और अनुशासित रहने का मनोविज्ञान दीर्घकालीन सफलता का महत्त्वपूर्ण कारक है। यहाँ *मन को नियंत्रित* करने के बारे में जादूगरों की सामूहिक सलाह दी गई है :

1. ***आनंद लें, जीवन बहुत छोटा है।*** काम करने और अपने क्षेत्र का मालिक बनने के लिए 'टैप डांस' करते रहें। यदि आप अपने काम का आनंद नहीं ले रहे हैं, तो दोबारा ध्यान केंद्रित करें।
2. ***जानिए कब ब्रेक लेना है।*** योद्धा की तरह सोचें; जीतने के लिए लड़ें। रोमांच के लिए व्यापार नहीं करें; मुनाफ़े के लिए व्यापार करें। रोमांच तलाशने के लिए बाज़ार बहुत महँगी जगह है। जब तीव्र हानि का अनुभव हो, तो कुछ समय बाहर निकल जाएँ! तेज़ हार के बाद दिमाग़ खेल खेल सकता है। यह मायने नहीं रखता कि आप कितनी बार सही हैं। मायने तो यह रखता है कि आप कितना कमाते हैं।
3. ***दिल और दिमाग़ को स्वस्थ रखें।*** कई जादूगर अपनी सफलता का श्रेय सोचने और ध्यान करने को देते हैं। हर सुबह एमेज़ॉन के सीईओ जेफ़ बेज़ोस एक सख़्त दिनचर्या का पालन करते हैं, जो रिचार्ज होने और सावधानीपूर्वक निर्णय लेने में उनकी मदद करती है। (साइडबार देखें)। रे डेलियो का मानना है कि 'मेरे जीवन में मिलने वाली सफलता चाहे जो हो, उसमें सबसे

बड़ा घटक ध्यान रहा है – किसी भी दूसरी चीज़ से ज़्यादा।' वे अपनी पुस्तक *प्रिंसिपल्स* में अपनी ग़लतियों पर विचार करने और अपने दिमाग़ को साफ़ करने के लिए ट्रान्सेंडैंटल मेडिटेशन का उपयोग करने के बारे में लिखते हैं।

अपने मन की बाधाओं पर क़ाबू पाना – जैसे शेयर की गिरती क़ीमतों से बरबस घबरा जाना – पहले नौ कमांडमेंट्स का पालन करने और दीर्घकालिक सफलता की कुंजी है। अनुभूति और अंतर्ज्ञान का अभ्यास करें; माइंडफुलनेस आपको शेयर बाज़ार में तनाव से निपटने और बेहतर निवेशक बनने की अनुमति देगी।

यदि सही ढंग से किया जाए – जैसे कि 10 कमांडमेंट्स का पालन करना – तो निवेश तनावपूर्ण गतिविधि नहीं होनी चाहिए। इसके विपरीत, यह कुछ ऐसा होना चाहिए, जिसके बारे में सीखना और अंतर्दृष्टि, वैचारिक स्वतंत्रता तथा दृढ़ विश्वास हासिल करना आपको अधिक पसंद हो। यह टैप डांसिंग जैसा होना चाहिए। यदि आप खुद को तनावग्रस्त या हार की स्थिति में पाएँ, तो धीमे हो जाएँ, पुनः एकाग्र हों और 10 कमांडमेंट्स पर दोबारा ग़ौर करें। यदि आप अपनी निवेश यात्रा का आनंद ले रहे हैं, तो 10 कमांडमेंट्स काम कर रहे हैं। चलते रहें, लाभ कमाएँ और महारथियों की दुनिया में आपका स्वागत है!

धीमे होने पर बेज़ोस

एमेज़ॉन के संस्थापक जेफ़ बेज़ोस 2020 में दुनिया के सबसे अमीर आदमी थे, जिनकी कुल संपत्ति 2 सितंबर 2020 को 200 बिलियन डॉलर थी– यह कई देशों के जीडीपी से अधिक है। हम सभी जानते हैं कि ईलोन मस्क जैसे कई अति सफल लोग एक दिन में चार घंटे की नींद लेकर ज़िंदा रह सकते हैं, या दिवंगत कोबे ब्रायंट, जो व्यायाम के लिए हर दिन सुबह 4:00 बजे उठते थे। बेज़ोस ने एमेज़ॉन के शुरुआती दिनों में काफ़ी समर्पण से काम किया था, जिसमें पैकेजिंग ख़ुद करना भी शामिल था। फिर भी, वे सभी अपने काम के प्रति बेहद सचेत हैं।

जेफ़ बेज़ोस

आज बेज़ोस अधिकांश व्यापारिक नेताओं के समान व्यस्त कार्यक्रम नहीं रखने के लिए प्रसिद्ध हैं। सूर्योदय से पहले कार्यालय जाने के बजाय वे सुबह लगभग 10:00 बजे काम पर जाने से पहले घर पर अपने बच्चों के साथ नाश्ता करते हैं। बेज़ोस ने कहा है, 'यह कहने के लिए साहस चाहिए, 'रुको। गति कम करो। अधिक जानकारी प्राप्त करो।' शायद मदद माँगने के लिए भी साहस की ज़रूरत होती है। इसे कैसे करना है, इसकी सांस्कृतिक अपेक्षाओं से छुटकारा पाएँ। इसके बजाय, गहरी सच्चाइयों को प्राप्त करने का सुरुचिपूर्ण अनुशासन विकसित करें। सचेतन अभ्यास के साथ अपने व्यवसाय और अपने जीवन की बागडोर अपने हाथों में लें।

अभ्यास में दस नियम

सैन, टिम और इया अपने स्वयं के निवेश में 10 कमांडमेंट्स का अभ्यास कर रहे हैं और अपनी रणनीतियों को हर दिन सुधार रहे हैं। यहाँ उनकी कहानियाँ हैं।

सैन – सेवानिवृत्त

सैन 51 वर्षीय हैं। वे सेवानिवृत्त हैं और उनके तीन किशोर/युवा बच्चे कैनेडा तथा अमेरिका के निजी स्कूलों में पढ़ रहे हैं। सैन ने पिछली नौकरियों और निवेश से एक छोटा सा 'पूँजी भंडार' बनाया है। संपत्ति बढ़ाने के संदर्भ में उनके दो प्रमुख लक्ष्य हैं : परिवार का समर्थन करने के लिए पूँजी को बढ़ाना और डिविडेंड हासिल करना।

आत्म मूल्यांकन

कमांडमेंट 1 : स्वयं को जानें के अनुसार सैन का आत्म-मूल्यांकन इस प्रकार है :

1. उद्‌देश्य :

ए. ***प्रमुख :*** अधिकांश पूँजी (70 प्रतिशत) सुरक्षित परिसंपत्तियों में लगाएँ, लेकिन पूर्णकालिक काम किए बिना परिवार का समर्थन करने के लिए पर्याप्त डिविडेंड के साथ।

बी. ***द्वितीयक :*** बेहतर, यहाँ तक कि असाधारण, दीर्घकालिक रिटर्न प्राप्त करने के लिए जोख़िमपूर्ण विकास परिसंपत्तियों में पूँजी का 30 प्रतिशत हिस्सा निवेश करें।

सी. ***लक्ष्य रिटर्न :*** 10 वर्षों में कुल औसत पोर्टफ़ोलियो पर 12 प्रतिशत या उससे अधिक वार्षिक रिटर्न का लक्ष्य रखें।

2. रुचियाँ :

ए. ***रियल एस्टेट :*** सैन को रियल एस्टेट पसंद है और उन्होंने इसमें निवेश किया है, ज़्यादातर चीन/एशिया और उत्तरी अमेरिका में दशकों से रियल एस्टेट और संबंधित परिसंपत्तियों में निष्क्रिय रूप से। उन्हें मूर्त संपत्तियों का मालिक होने में आनंद आता है।

बी. **प्रौद्योगिकी :** एक 'आकांक्षी गीक' सैन शानदार गैजेट्स और प्रौद्योगिकी को शुरुआती तौर पर अपनाने वाले व्यक्ति हैं; चाहे यह एपल डिवाइस हो या टेस्ला, वे उनका पूरी निष्ठा से पालन करते हैं। तकनीकी खिलौनों से परे, वे मानव जीवन को बदलने और बेहतर बनाने की प्रौद्योगिकी की शक्ति में बहुत विश्वास रखते हैं।

3. शैली :

ए. **वर्कहॉलिक :** स्वयं को वर्कहॉलिक मानने वाले, जिन्होंने आठ साल की उम्र में अमेरिका आने के बाद से पूर्णकालिक काम किया है। सैन 50 की उम्र के बाद इसे थोड़ी अधिक आसानी से ले रहे हैं।

बी. **निष्क्रिय :** वे अब सुरक्षा और यील्ड के लिए अपने निवेश का अधिकांश हिस्सा (उदाहरण के लिए, 'काम') मुख्य रूप से किराये की अचल संपत्ति जैसी निष्क्रिय संपत्तियों में लगाना पसंद करते हैं।

सी. **सक्रिय :** सैन केवल उन क्षेत्रों में सक्रिय निवेश करते हैं, जिन्हें वे पसंद करते हैं और जिनमें सीखना उन्हें पसंद है, जैसे कि कुछ प्रकार की रियल एस्टेट और विशेष रूप से प्रौद्योगिकी परिवर्तन के अवसर।

4. कौशल :

ए. ***किसी में विशेषज्ञ नहीं :*** सैन को जैक ऑफ़ ऑल ट्रेड्स, मास्टर ऑफ़ नन कहावत का आदर्श उदाहरण माना जा सकता है। सैन को सलाहकार के रूप में काम करने से लेकर वीसी/पीई निवेशक बनने तक कई उद्योगों और बाज़ारों/भौगोलिक क्षेत्रों से अवगत कराया गया है।

बी. ***उद्योग :*** वे रियल एस्टेट और प्रौद्योगिकी को अच्छी तरह से समझते हैं, ख़ासकर चीन/एशियाई और उत्तरी अमेरिकी बाज़ारों में जहाँ उन्होंने अपने जीवन का अधिकांश समय बिताया/काम किया है।

5. टाइमिंग :

ए. निश्चित रूप से मध्यम काल और दीर्घकाल केंद्रित निवेशक

बी. सभी निवेश फ़ंडामेंटल आधार पर संचालित होते हैं

सी. सैन का रियल एस्टेट निवेश तीन साल से लेकर अनंत काल तक का खेल है

डी. तकनीकी चयन (उदाहरण के लिए, टेस्ला जैसे स्टॉक) दीर्घकालिक फ़ंडामेंटल्स के लिए हैं

ई. ट्रेडिंग या चार्ट को नहीं समझते हैं, ना ही उनका आनंद लेते हैं

6. जोख़िम :

ए. 'रिटायरमेंट फ़ंड' निष्क्रिय आय के लिए कम जोख़िम (70 प्रतिशत)

बी. प्रौद्योगिकी/विकास दाँव के लिए मध्यम से उच्च जोख़िम (30 प्रतिशत)

7. संपत्तियाँ :

ए. रियल एस्टेट

बी. टेक/विकास कंपनियाँ, संपत्तियाँ

8. स्थान :

ए. ***उत्तर अमेरिका***– न्यू यॉर्क सिटी, अमेरिका के पूर्वी तट में पले-बढ़े, कुछ समय तक पश्चिमी तट पर रहे, अब टोरंटो में रहते हैं, इसलिए उत्तर अमेरिकी बाज़ार व संस्कृतियों से परिचित हैं।

बी. ***चीन/एशिया***– चीन में पैदा हुए और वहाँ 20 साल से ज़्यादा समय तक रहे, आधा दर्जन एशियाई देशों में भी रहे, इसलिए एशिया के बाज़ारों और अवसरों से अच्छी तरह परिचित हैं।

10 कमांडमेंट्स लागू करना

युद्ध में जख़्मी

टिम और इया के विपरीत, जो अभी अपनी निवेश यात्रा शुरू कर रहे हैं, सैन ने 51 साल की उम्र में अन्य लोगों की तुलना में अधिक युद्ध के घावों के साथ यह पुस्तक लिखी है। सैन ने कई बार सभी 10 कमांडमेंट्स का

उल्लंघन किया है और वस्तुतः अपने और ग्राहकों के लाखों डॉलर गँवाए हैं। इन सबक़ों के माध्यम से सैन ने अपने परिवार की देखभाल के लिए रास्ते में पैसा भी कमाया है और अपने चालीसवें वर्ष से पहले वित्तीय स्वतंत्रता हासिल करने में सक्षम रहे। उन्होंने दुनिया भर की यात्रा करने का सपनों भरा जीवन जिया (अब तक 55 से अधिक देशों की यात्रा कर चुके हैं और उनका लक्ष्य 55 की उम्र से पहले 100 देशों की यात्रा करना है)। सैन ये सबक़ टिम, इया और पाठकों को ख़ुशी-ख़ुशी बताते हैं और उन्हें यक़ीन है कि कई लोग सैन की तुलना में ज़्यादा तेज़ी से और ज़्यादा बड़ी वित्तीय स्वतंत्रता हासिल करेंगे। सैन नीचे अपनी यात्रा के बारे में बताते हैं और यह जानकारी भी देते हैं कि ये सबक़ और 10 कमांडमेंट आज उनकी निवेश रणनीति को कैसे आकार देते हैं।

विद्यार्थी दिवस

सैन का जन्म चीन में हुआ था। नौ साल की उम्र में वे अमेरिका आ गए और न्यू यॉर्क शहर के चाइनाटाउन में पले-बढ़े। सैन और उनके तीन भाइयों ने प्राइमरी स्कूल से ही काम शुरू कर दिया था। वे चाइनाटाउन कपड़ा कारख़ानों में अपने माता-पिता के साथ काम करने लगे; सैन ने स्कूल और कार्यदिवसों के बाद जोर्डाचे जींस पर बटन सिले। इससे उन्हें लंच और किताबों के लिए पैसे मिलते थे।

मिडिल और हाई स्कूल के दौरान सैन ने बाइक मैसेंजर, बसबॉय और वेटर के रूप में, नाइट क्लब के क्लीनर के रूप में और बारटेंडर के रूप में काम किया। उनका टेलीमार्केटिंग सेल्स, छोटे व्यवसायों को बंदूक लाइसेंसिंग सेवाएँ बेचने का काम था। उनका पहला उद्यम 9वीं कक्षा में था, जिसमें लोगों को वज़न कम करने के लिए स्वादिष्ट 'डाइट' कुकीज़ की एक साल की थोक आपूर्ति के लिए उन्होंने विभिन्न कामों से बचाए 500 डॉलर लगा दिए। प्रॉडक्ट्स कभी नहीं बिके और मल्टी-लेवल मार्केटिंग फ़र्म ने कभी रिफ़ंड नहीं दिया, इसलिए सैन के तंग बेडरूम में कुकीज़ का ढेर लग गया, जिसमें वे अपने तीन भाइयों के साथ रहते थे। सैन क़सम खाते हैं कि इसी कारण वे आज भी दुबले-पतले हैं।

कॉलेज के दौरान सैन ने अपना ख़र्च निकालने के लिए छोटे व्यवसायों में विभिन्न अंशकालिक नौकरियाँ भी कीं। वे कड़की के दिन थे। लेकिन आज वे जितना जानते हैं, अगर तब उतना जानते, तो छुटपुट कामों से कमाए पैसों में से हर दिन एक डॉलर बचा सकते थे, जिसे वे किसी शेयर या फ़ंड में लगा सकते थे। वे इतना बचा सकते थे और उन्हें बचाना भी चाहिए था।

कमांडमेंट 7 : विजेताओं को मैराथन दौड़ाएँ के अनुसार अगर सैन नौ साल की उम्र में बचत शुरू कर देते, जब वे कपड़ा कारख़ानों में पैसे कमाते थे। अगर तब वे 1 डॉलर प्रति दिन या 365 डॉलर प्रति वर्ष बचाते और 21 साल की उम्र में कॉलेज जाने तक ऐसा करते रहते, जबकि शेयर बाज़ार में 7 प्रतिशत का औसत रिटर्न मिलता, तो 2020 में उनका मुनाफ़ा 147,000 डॉलर होता (हालाँकि निवेश केवल 7,665 डॉलर का रहता)। यही कारण है कि उन्होंने अपने बच्चों के लिए ब्रोकरेज अकाउंट खुलवाए हैं।

युवा पेशेवर

विश्वविद्यालय से स्नातक होने के बाद सैन ने प्रबंधन सलाहकार के रूप में काम किया। इसके बाद वे अरबों डॉलर की निजी इक्विटी फ़र्म में विश्लेषक बन गए। उन्होंने 75 प्रतिशत समय यात्रा की और 4.5 वर्षों में सैन ने पूरे अमेरिका और कैनेडा, हांगकांग, चीन, सिंगापुर, इंडोनेशिया तथा मलेशिया में ग्राहकों के साथ ऑन–साइट काम किया। वेतन और बोनस के अलावा सैन को एक उदार व्यय ख़ाता और आवास सब्सिडी दी गई। उनकी आय का एक बड़ा हिस्सा टैक्स में जाता था और आवास भत्ता लक्ज़री अपार्टमेंट किराए पर लेने में जाता था, जिसका वे शायद ही कभी उपयोग करते थे।

लगभग सभी ख़र्चों के भुगतान के बाद अकेले होने के कारण सैन आसानी से निवेश करने के लिए 1,000 डॉलर प्रति माह निकाल सकते थे (उदाहरण के लिए, इक्विटी या रियल एस्टेट जैसे कर–कटौती वाले निवेश में)। इसके बजाय, यदि उन्होंने 1995 में अपनी बचत या किराया सब्सिडी का उपयोग हांगकांग (जहाँ वे छह साल तक रहे) में एक कॉन्डो ख़रीदने के लिए किया होता और इसे आज हांगकांग की ख़राब अर्थव्यवस्था में बेचने के लिए रखा होता, तो उन्हें 356 प्रतिशत लाभ होता।

उद्यमी

पूरे संसार की सैर करने वाले प्रबंधन सलाहकार के रूप में 4.5 वर्ष बाद सैन इंटरनेट के प्रति आकर्षित हुए और एक इंटरनेट टेलीफ़ोनी फ़र्म ओसेन के सह-संस्थापक बनने से पहले सीएफ़ओ के रूप में हांगकांग डॉटकॉम में काम किया। उन्होंने सीरीज़ ए से 2.5 मिलियन डॉलर जुटाए और जल्द ही उन्हें सीईओ बना दिया गया। 2.5 वर्षों में उन्होंने उद्यम पूँजी निधि के सात दौरों के माध्यम से 60 मिलियन डॉलर से अधिक जुटाए, जिसमें स्टार्टअप का मूल्य 10 अंकों में आँका गया, जिसमें उनकी हिस्सेदारी नौ अंकों में थी। सैन ने दोहरे नैसडैक-हांगकांग आईपीओ के लिए लेहमैन ब्रदर्स, बियर स्टर्न्स और पाइपर जेफ्रीज़ को नियुक्त किया। गोल्डमैन से लेकर मेरिल तक के धन प्रबंधक भी सैन को आईपीओ के बाद उनकी जल्द ही दस-अंकीय होने वाली संपत्ति का प्रबंधन करने के लिए लुभा रहे थे।

शुरुआती सफलता के लिए सैन ने 10 कमांडमेंट्स में से आठ का पालन किया था : उन्होंने 20 वर्ष की उम्र से अधिक वाले तकनीकी उद्यमी (कमांडमेंट 1) के रूप में अपना आह्वान पाया; उन्हें उस सेक्टर और बिज़नेस मॉडल के भविष्य में दृढ़ विश्वास मिला - सही या ग़लत (कमांडमेंट 5); उन्होंने दिन में 14 से 16 घंटे समर्पित किए, यहाँ तक कि ऑफ़िस में कई रातें भी बिताई और निश्चित रूप से जादुई 10,000 घंटे (कमांडमेंट 5) के आँकड़े को पार कर गए। वे अधीर थे और उन्होंने अपनी टीम को यथासंभव तेज़ी से आगे बढ़ने के लिए प्रेरित किया (कमांडमेंट 6)। सैन ने डॉटकॉम बुलबुले को पनपते हुए भी देखा और वे कंपनी को सूचीबद्ध कराने के लिए समय के साथ प्रतिस्पर्धा कर रहे थे, इसलिए उनके पास इसके ख़त्म होने से पहले (कमांडमेंट 3) जीवित रहने के लिए पर्याप्त धन था। बुलबुला फूटा, जबकि कंपनी ने अभी-अभी अपनी आईपीओ-राउंड शॉप शुरू की थी। सैन और उनकी टीम केवल एक या दो सप्ताह के अंतर से आईपीओ विंडो चूक गए।

निवेश के दृष्टिकोण से कहानी का नैतिक सबक़ कंपनी का अशुभ समय नहीं है। सबक़ दो कमांडमेंट्स का पालन करने में सैन की विफलता है। सैन विविधता नहीं ला पाए - उनकी पूरी 100 प्रतिशत संपत्ति कंपनी के स्टॉक में बँधी हुई थी। उनके पास किसी भी तरह का कोई डाइवर्सिफ़िकेशन

नहीं था। आईपीओ से पहले सैन के पास अपनी हिस्सेदारी का कुछ हिस्सा बेचने के कई अवसर थे और बैंकरों ने जोखिम भरे उपक्रमों में समस्या आने की स्थिति में विविधता लाने के लिए उन्हें हेजिंग के अवसर बताए भी थे। जब बुलबुला फूट गया और यह 'आईपीओ नहीं रहा,' तो सैन ने सब कुछ खो दिया।

कभी भी अपने सारे अंडे, चाहे आप उन्हें कितने ही सुनहरे क्यों नहीं मानते हों, एक ही टोकरी में नहीं रखें (कमांडमेंट 8)। कभी भी सारा/बहुत सारा पैसा नहीं गँवाएँ (कमांडमेंट 9)।

पेशेवर निवेशक

ओसेन के बाद सैन ने कुछ छोटे-बड़े उद्यमों की सह-स्थापना और सह-नेतृत्व किया, जिनमें उन्हें मामूली सफलता मिली, जिसके बाद उन्हें चीन का वेंचर कैपिटल फ़ंड शुरू करने के लिए आमंत्रित किया गया। सैन 2002 में शंघाई चले गए - चीनी मूल के होने के बावजूद वे संयुक्त राज्य अमेरिका में बड़े हुए थे और उन्होंने चीन की भाषा में पारंगत होने, नेटवर्क बनाने और नए चीन के अंदर/बाहर सीखने के लिए कुछ साल समर्पित किए थे। उन्होंने चीन की अर्थव्यवस्था के उदय और उपभोक्ता तथा प्रौद्योगिकी दोनों में अवसर देखे और नए क्षेत्र (कमांडमेंट 1 - कमांडमेंट 5) को सीखने के लिए समय दिया। वे अपनी आवश्यक विशेषज्ञता/क्षमताओं (कमांडमेंट 6) को विकसित करने के लिए धैर्यवान थे और 50 मिलियन डॉलर के मामूली लक्ष्य के साथ अपना फ़ंड जुटाने के लिए निक़ल पड़े। सही समय के कारण (यानी उभरता हुआ चीन-कमांडमेंट 3, कमांडमेंट 4) और तैयारी के काम, टीम, आदि की वजह से सैन ने इसके बजाय 100 मिलियन डॉलर जुटाए।

सैन तीन वर्षों में पोर्टफ़ोलियो में 16 कंपनियों में निवेश करके फ़ंड (कमांडमेंट 8) में विविधता या डाइवर्सिफ़िकेशन लाए। केवल चंद ही बेकार निक़ले (बराबरी पर रहे या घाटा हुआ), इसलिए कुल मिलाकर पोर्टफ़ोलियो का प्रदर्शन अच्छा रहा (कमांडमेंट 9)। प्रभावशाली उद्योग प्रकाशनों द्वारा फ़ंड को शीर्ष 30/शीर्ष 50 में नामित किया गया।

पीछे मुड़कर देखें, तो मुख्य ग़लती फ़ंड संरचना थी। कैथी जू के फ़ंड या बर्कशायर हैथवे के विपरीत सैन के फ़ंड की 7 से 10 साल के

जीवन के साथ एक विशिष्ट 'जीपी/एलपी' संरचना थी, जिसका मतलब था कि फ़ंड को निवेशकों को पैसा लौटाना था। इस प्रकार सभी विजेताओं को मजबूरन बेचना पड़ा, जिनमें वे विजेता भी शामिल थे, जो सार्वजनिक बाज़ारों में आए थे और अब भी तेज़ी से बढ़ रहे थे। उन्हें आईपीओ के आने से पहले विजेताओं को 2 से 3 गुने पर बेचने के लिए मजबूर किया गया था, हालाँकि अगर वे उन्हें पकड़कर रखते, तो बहुत अधिक रिटर्न कमा सकते थे।

आज की बात करें तो, सैन के मन में सभी 10 कमांडमेंट्स हैं।

आज

51 साल की उम्र में सैन का मुख्य निवेश उद्देश्य एक 'सदाबहार, उच्च-रिटर्न' पोर्टफ़ोलियो विकसित करना है, जिसमें जीवनयापन के ख़र्च और सेवानिवृत्ति के लिए सुरक्षा तथा नक़दी प्रवाह प्रदान करते हुए केवल अंशकालिक काम की आवश्यकता हो। 10 कमांडमेंट उनके 60/30/10 पोर्टफ़ोलियो पर हर दिन उनका मार्गदर्शन करते हैं :

1. ***60 प्रतिशत :*** सुरक्षित, उच्च रिटर्न वाली दीर्घकालिक निष्क्रिय संपत्ति, मुख्य रूप से रियल इस्टेट ऋण और इक्विटी।

    ए. ***ऋण :*** कैनेडाई मॉर्टगेज फ़ंड जिनकी यील्ड 8.5 प्रतिशत या अधिक है (एक से तीन महीने की लिक्विडिटी)

    बी. ***आवास :*** अमेरिकी कर्मचारी हाउसिंग, विशेष रूप से बी और सी ग्रेड बहु-परिवार अपार्टमेंट इमारतें, जिनकी त्रैमासिक यील्ड 8 से 10 प्रतिशत है और 1.5 से 2 गुना रिटर्न (तीन से सात वर्षों में) है।

    सी. अन्य : सुरक्षित, दीर्घकालिक रियल-एस्टेट निवेश जैसे कि कृषि भूमि, स्व-भंडारण और मोबाइल होम पार्क (तीन से 10 साल की अवधि के लिए होल्ड करना)

2. ***30 प्रतिशत*** ग्रोथ स्टॉक और डाइवर्सिफ़िकेशन फ़ंड/ईटीएफ़।

    ए. ***धर्म स्टॉक :*** सैन के पास मुट्ठी भर विकास स्टॉक हैं, जो दीर्घकालिक विजेताओं के रूप में 'मैराथन' दौड़ते हैं। उनका पसंदीदा टेस्ला है,

जिसका वे धार्मिक उत्साह और विश्वास के साथ पालन करते हैं। अन्य शीर्ष स्टॉक टेनसेंट, अलीबाबा, एपल और भारत का जियो (रिलायंस) हैं।

बी. ***डाइवर्सिफ़िकेशन :*** डाइवर्सिफ़िकेशन प्राप्त करने के लिए सैन बाज़ार या उद्योग ईटीएफ़, या फ़ंड ख़रीदते हैं, जो व्यापक उद्योगों या बाज़ारों में डाइवर्सिफ़िकेशन करने में मदद करते हैं।

3. ***10 प्रतिशत :*** पूर्व वेंचर कैपिटेलिस्ट के रूप में सैन 10 प्रतिशत से अधिक पूँजी को मूनशॉट यानी ऊँचे दाँव में डालने में सहज हैं, जो 100 गुना ऊपर (या नीचे भी) जा सकता है।

ए. ***टेक :*** अपने उपरोक्त 'धार्मिक शेयरों' के अलावा, जो स्थापित सार्वजनिक कंपनियाँ हैं, सैन इक्विटी के लिए सलाह देते हैं और कभी-कभी स्टार्टअप्स में निवेश करते हैं, जो किसी दिन स्थापित सार्वजनिक कंपनियों में बदल सकते हैं। उदाहरण के लिए, उन्होंने हाल ही में एक कीट प्रोटीन उद्यम में निवेश किया है।

बी. ***अन्य :*** इससे भी अधिक डाइवर्सिफ़िकेशन के लिए एक छोटा प्रतिशत जोख़िम भरी 'अन्य' श्रेणी, जैसे बिटकॉइन और क्रिप्टो मुद्राओं में निवेश किया जाता है।

सैन का वर्तमान पोर्टफ़ोलियो 10 सी का सख़्ती से पालन करते हुए बनाया गया है। उनका मत है कि स्पष्ट उद्देश्य रखें। फिर उन परिसंपत्तियों में निवेश करें, जिनके प्रति जुनून हो और जिन्हें वे समझते हों। वे निवेश करने से पहले होमवर्क करने और दृढ़ विश्वास हासिल करने, असंबद्ध परिसंपत्ति प्रकार और भौगोलिक डाइवर्सिफ़िकेशन यानी विविधता प्राप्त करने और ट्रेडिंग करने के बजाय दीर्घकालीन निवेश को प्राथमिकता देते हैं।

टिम – युवा पेशेवर

टिम 22 वर्षीय युवा वयस्क/पेशेवर हैं, जो खुद को भाग्यशाली मानते हैं कि वे छात्र ऋण के बिना कॉलेज से स्नातक हो गए। बीस साल की उम्र में उनका मुख्य लक्ष्य वित्तीय स्वतंत्रता हासिल करने के लिए अपनी संपत्ति

के आधार को बढ़ाना है। उनका मानना है कि अच्छी वित्तीय शिक्षा से हर किसी को फ़ायदा होगा, ख़ासकर उन माता-पिता को, जो अपने बच्चों को शिक्षा देने के लिए चक्रवृद्धि के जादू का लाभ उठाने के लिए जल्दी निवेश शुरू करना चाहते हैं!

आत्म मूल्यांकन

1. उद्देश्य :

ए. ***बहुमत :*** पोर्टफ़ोलियो का 80 प्रतिशत मध्यम जोख़िम वाले निवेशों को ख़रीदने और रखने के लिए आवंटित करें

बी. ***अल्पसंख्यक :*** पोर्टफ़ोलियो का 20 प्रतिशत अल्पकालिक, उच्च विश्वास वाले ट्रेडिंग विचारों के लिए आवंटित करें

सी. ***टारगेट रिटर्न :*** 7 से 10 प्रतिशत वार्षिक पोर्टफ़ोलियो वृद्धि का लक्ष्य, (जितना अधिक उतना बेहतर)

डी. ***संपत्ति का बढ़ता आधार :*** स्टॉक पोर्टफ़ोलियो में निवेश करते रहना और शायद रियल एस्टेट में निवेश करना सीखना

2. रुचियाँ :

ए. ***प्रौद्योगिकी :*** उन्हें युवा, फ़ैशनेबल और टेक्नोलॉजी प्रेमी होना पसंद है (किसे पसंद नहीं है?)।

बी. ***नवीकरणीय ऊर्जा :*** उन्हें भूगोल और भौतिकी पसंद है। उनका मानना है कि ग्लोबल वार्मिंग वास्तविक है।

सी. ***वित्तीय सेवाएँ :*** उन्हें नई फ़िन-टेक के बारे में सीखना पसंद है, जो उपभोक्ता वित्त क्षेत्र में झंडे गाड़ रही है।

3. शैली :

ए. ***चक्रवृद्धि :*** उम्मीद है कि उनके पास जीने के लिए कम से कम 60 वर्ष और हैं, इसलिए समय काम करेगा।

बी. ***निष्क्रिय से सक्रिय :*** निष्क्रिय निवेश में 50 प्रतिशत से शुरुआत करें और समय तथा अधिक अनुभव के साथ अधिक सक्रिय मॉडल में धीरे-धीरे ज़्यादा संलग्न हों।

4. कौशल :

ए. ***प्रौद्योगिकी-प्रेमी :*** यूज़र इंटरफ़ेस डिज़ाइन, प्रौद्योगिकी विशिष्टताओं और प्रतिस्पर्धी निहितार्थों के बारे में सीखना अच्छा लगता है

बी. ***इतिहासप्रेमी :*** जीवनियाँ और ऐतिहासिक विकास के बारे में पढ़ना पसंद है। विश्व विकास के बारे में व्यापक और आलोचनात्मक दृष्टिकोण प्राप्त करना पसंद है

सी. ***वैल्युएशन :*** बुनियादी मूल्यांकन यानी वैल्युएशन पर अच्छी पकड़, हालाँकि सीखने के लिए बहुत कुछ है

डी. ***ज़ेन :*** आसानी से भावनात्मक रूप से विचलित नहीं होते। लगातार खुद को याद दिलाते हैं कि उन्हें तटस्थ रहना है और आवेग में आकर निवेश नहीं करना है।

5. टाइमिंग :

ए. निवेश की अवधि कम से कम तीन वर्ष और आदर्श रूप से पाँच से अधिक वर्ष

बी. कभी-कभी ऐसी कंपनियों को शॉर्ट कर देते हैं, जिनके भाव उन्हें बहुत ज़्यादा लगते हैं (कुल पोर्टफ़ोलियो का 20 प्रतिशत से कम)

6. जोख़िम :

ए. लंबी अवधि के निष्क्रिय इक्विटी इंडेक्स फ़ंड रखने के लिए कम जोख़िम (30 प्रतिशत)

बी. प्रौद्योगिकी और आरईआईटी निवेश (60 प्रतिशत) तथा कमॉडिटीज़ (10 प्रतिशत) के लिए मध्यम जोख़िम

7. संपत्तियाँ :

ए. इक्विटी, आरईआईटी और कमॉडिटीज़

8. स्थान :

ए. उत्तर अमेरिका - दुनिया के इस हिस्से की संस्कृति और बाज़ार से परिचित

बी. चीन/एशिया - हांगकांग में पले-बढ़े और नियमित रूप से चीन की यात्रा की; जानते हैं कि चीन कितनी तेज़ी से विकसित हुआ है और वे लंबी अवधि में इसकी संभावनाओं को लेकर उत्साहित हैं

10 कमांडमेंट लागू करना

सैन के युद्ध के निशान निश्चित रूप से प्रभावशाली हैं, लेकिन टिम के पास भी कुछ युद्ध के निशान हैं (ठीक है, शायद सैन की खरोंचों की तुलना में उनके चोट के निशान भी हैं)।

बचपन से चक्रवृद्धि (कमांडमेंट 7)

हांगकांग में पले-बढ़े टिम हमेशा चीनी नव वर्ष को वर्ष की दूसरी सबसे अच्छी छुट्टी मानते थे (सुंदर लालटेन और स्वादिष्ट मूनकेक वाले मध्य शरद ऋतु समारोह के बाद)। चाचा-चाची बच्चों को नक़द राशि से बंद लाल लिफ़ाफ़े देते हैं, आम तौर पर 5 डॉलर से 25 डॉलर, जो इस बात पर निर्भर करता है कि वे कितने उदार हैं। उनके दादा-दादी हमेशा सबसे उदार

थे और अपने प्रत्येक पोते-पोती को 50 डॉलर देते थे। परिवार या दोस्तों से मिलने वाले पैसों को जोड़ें, तो टिम हर साल बड़ी संपत्ति (औसतन 400 डॉलर) अर्जित करने में सक्षम थे! लेकिन यह कोई पॉकेट मनी नहीं था, जिसे टिम अपनी इच्छानुसार ख़र्च कर सके।

छोटी उम्र से ही टिम ने अपने माता-पिता से चक्रवृद्धि की शक्ति सीखी। हालाँकि वे इस अवधारणा के चमत्कार को बमुश्किल समझ पाए, लेकिन वे 'स्वयंसेवक' बन गए, ताकि उनके माता-पिता उनके पैसे को निष्क्रिय इंडेक्स फ़ंड में निवेश करें। वे अपने पास केवल 10 डॉलर रखते थे, जो बबल गम के एक पैकेट, चिप्स के कुछ बैग और कोक की एक बोतल ख़रीदने के लिए पर्याप्त होते थे। जब उनके दोस्त नाश्ते की दुकान पर लाल लिफ़ाफ़े में मिले पैसे उड़ाते थे, तो उन्हें देखकर टिम को अंदर से थोड़ा सा आहत महसूस करते थे (हम जानते हैं कि वे थोड़े नाटकीय बन रहे हैं)।

2008 वैश्विक वित्तीय संकट से बाज़ार चक्र (कमांडमेंट 3/कमांडमेंट 4)

टिम को 2008 याद है : वे कक्षा में किसी भी अन्य चौथी कक्षा के छात्र की तरह ही अनभिज्ञ थे। उन्होंने अपने लाल लिफ़ाफ़े के पैसे से अपने ख़ाते में निवेश करना जारी रखा; पिछले कुछ वर्षों में किया गया निवेश दोगुने से अधिक हो गया था - जबकि इस दौरान टिम ने कुछ भी नहीं किया था। फिर अचानक 2009 में एक दिन टिम के माता-पिता ने उन्हें उनके निवेश ख़ाते में शेष राशि दिखाई - पोर्टफ़ोलियो का मूल्य 40 प्रतिशत कम हो गया था। उनका लगभग सारा लाभ ख़त्म हो गया और दीर्घकालिक बाज़ार चक्रों में बड़ी गिरावट से उनका पहली बार सामना हुआ। फिर टिम इस बात से थोड़े आहत महसूस करने लगे कि एक वर्ष में ही उन्होंने कितने सारे मैकडॉनल्ड्स आइसक्रीम कोन गँवा दिए थे।

सिमुलेशन और शोध से सीखना (कमांडमेंट 1/कमांडमेंट 2)

हाई स्कूल में प्रवेश करते समय टिम ने बाज़ारों को काफ़ी देर तक देखा था, इसलिए वे सक्रिय निवेश में हाथ आज़माना चाहते थे। टिम वास्तव में कई कंपनियों को नहीं जानते थे, इसलिए उन्होंने अपने पोर्टफ़ोलियो का 20 प्रतिशत उन सभी कंपनियों में लगाया, जिन्हें वे रोज़मर्रा की ज़िंदगी में

जानते थे : एपल, टेनसेंट, माइक्रोसॉफ़्ट, निन्टेंदो और बीएमडब्ल्यू। एकमात्र बुरा निवेश निन्टेंदो था, जिसने निराशाजनक वीयू गेमिंग कंसोल जारी किया, जिससे स्टॉक की क़ीमत स्थिर रही। टिम भाग्यशाली थे कि अर्थव्यवस्था में सुधार के कारण उनके पोर्टफ़ोलियो में बाक़ी सब कुछ अच्छा चल रहा था।

लगभग आठ साल पहले उनके माता-पिता और कुछ रिश्तेदारों ने युवा पीढ़ी के लिए वित्तीय साक्षरता पर चर्चा शुरू की। उन्होंने प्रसिद्ध निवेशकों व ट्रेडर्स के दर्शन का सारांश देते हुए एक 'बाइबल' संकलित करने का विचार सोचा। इसलिए 14 वर्षीय टिम अगले वर्षों में अनुसंधान में मदद करने और पुस्तक के लिए निवेशकों की प्रोफ़ाइल लिखने के लिए आगे बढ़े। तब से टिम ने कई निवेश पुस्तकें (जैसे *द वॉरेन बफ़ेट वे* और *वन अप ऑन वॉल स्ट्रीट*) पढ़ीं और धीरे-धीरे निवेश के दिग्गजों से मूल बातें सीखीं। यहाँ कोई चोट नहीं लगी!

पहले उपक्रमों के जोख़िम (कमांडमेंट 8/कमांडमेंट 9) द्वारा हताहत

सबसे बड़े सबक़ वही होते हैं, जो आपको सबसे ज़्यादा दुख पहुँचाते हैं। एक समय टिम का पोर्टफ़ोलियो 50 प्रतिशत तक गिर गया था।

टिम ने अपने सक्रिय निवेश करियर की शुरुआत निवेशक नहीं, बल्कि स्पेकुलेटर के रूप में की थी। जब उन्होंने पहली बार निवेश करने (पढ़ें : ट्रेडिंग और स्पेकुलेशन) के लिए अपना स्टॉक ब्रोकरेज ख़ाता खोला, तो उन्हें शेयर बाज़ार काफ़ी दिलचस्प लगा। उनके 'बेहतर' स्टॉक चुनने के कौशल ने उन्हें पहले महीने में 5 प्रतिशत का लाभ दिलाया (बढ़ते बाज़ार में)। अगले महीने उन्हें 2 प्रतिशत का घाटा हुआ, जबकि बाज़ार सपाट था। दो महीने में ही वे असहज और अधीर महसूस करने लगे। वे अपने पोर्टफ़ोलियो को तेज़ी से बढ़ाने के तरीक़े खोजना चाहते थे। इसने उन्हें लीवरेज्ड गोल्ड माइनर्स ईटीएफ़ की ओर प्रेरित किया।

टिम को इस समय सोने के बारे में (या वास्तव में किसी भी चीज़ के बारे में) कुछ भी नहीं पता था। वे सोने, डॉलर की ताक़त और ब्याज दरों (शायद सबसे बुनियादी ज्ञान जो किसी भी गोल्ड ट्रेडर के पास होना चाहिए) के आपसी संबंध के बारे में कुछ भी नहीं जानते थे। वे तो केवल यह जानते थे कि एनयूजीटी और डस्ट जैसे माइनर इंडेक्स सामान्य माइनर

इंडेक्स के दैनिक रिटर्न से तीन गुना अधिक रिटर्न देते थे- एक शौकिया स्पेकुलेटर के लिए यह बेहतरीन जगह है, जो बाज़ार की टाइमिंग की अपनी समझ पर भरोसा रखता है। कुछ जीतते हुए और उससे भी ज़्यादा हारते हुए, टिम ने समय के साथ माइनर्स के ईटीएफ़ की हिस्सेदारी को बढ़ाया। 10 प्रतिशत से शुरू होकर यह अंततः उनके पोर्टफ़ोलियो का 70 प्रतिशत हो गई, क्योंकि वे घाटे को बराबर करना चाहते थे, हालाँकि इसके बावजूद यह बढ़ता ही जा रहा था। कक्षाओं के बीच चार महीने तक ट्रेडिंग के बाद टिम अपने पोर्टफ़ोलियो का 30 प्रतिशत (एक बिंदु पर 50 प्रतिशत) गँवाने में कामयाब रहे और वे इसे छोड़ने के लिए तैयार थे। टिम ने अंततः स्पेकुलेशन बंद करने, फ़ंडामेंटल एनालिसिस सीखने और दीर्घकालीन निवेश करने की आवश्यकता सीख ली थी।

अनुभवी पेशेवरों से सीखते रहें (कमांडमेंट 5/कमांडमेंट 6/कमांडमेंट 10)

अपने मस्तिष्क पर ध्यान देते हुए उन्होंने कुछ महीनों की छुट्टी ली। इसके बाद टिम ने दीर्घकालिक दृष्टिकोण के साथ दोबारा निवेश शुरू कर दिया। अपने पोर्टफ़ोलियो के प्रबंधन और हांगकांग व न्यू यॉर्क में तीन अलग-अलग निवेश फ़ंडों के साथ काम करने के अपने पेशेवर अनुभव के बीच टिम अपने निवेश में धर्म की तलाश कर रहे थे।

अपनी पहली नौकरी में टिम ने गर्मियों में शीर्ष प्रदर्शन करने वाले एचके/चीन हेज फ़ंड के सीआईओ का पीछा किया। टिम ने मुख्य रूप से चीनी निवेशों (प्रसिद्ध बीएटी प्रौद्योगिकी तिकड़ी - बायडू, अलीबाबा और टेनसेंट सहित) का अध्ययन किया, विश्लेषकों और शेयरधारकों के साथ प्रबंधन आय समीक्षाओं का सारांश दिया तथा सीआईओ व फ़ंड प्रबंधकों के लिए निवेश रिपोर्ट और अपडेट का मसौदा तैयार किया।

अपनी साल भर की दूसरी नौकरी (पूर्णकालिक ग्रीष्मकालीन, कोलंबिया में अंशकालिक द्वितीय वर्ष) के लिए टिम ने न्यूयॉर्क स्थित पारिवारिक कार्यालय के सीआईओ के लिए काम किया, अन्य सक्रिय रूप से प्रबंधित हेज फ़ंड में निवेश किया, साथ ही अमेरिका में इसके प्रत्यक्ष स्टॉक पोर्टफ़ोलियो निवेश का भी प्रबंधन किया। हेज फ़ंडों की असंख्य संख्या से, जो निवेश की तलाश में पारिवारिक कार्यालय में प्रचार करने

पहुँचे, टिम को बाज़ार और प्रतिस्पर्धा पर लाभ हासिल करने के लिए विभिन्न फ़ंडों द्वारा अपनाई गई विभिन्न प्रकार की निवेश रणनीतियों से अवगत कराया गया। टिम ने पारिवारिक कार्यालय के ख़ुद के पोर्टफ़ोलियो के लिए अमेरिकी शेयरों का विश्लेषण करना और सिफ़ारिशें करना भी सीखा। मुख्य रूप से पारिवारिक कार्यालय में काम करने वाले फ़ंड मैनेजरों के बेहद दृढ़ विश्वास वाले विचार सीखे।

तीसरे फ़ंड में टिम ने अमेरिका स्थित एक हेज फ़ंड में काम किया, जो वृहद एशिया क्षेत्र में प्रौद्योगिकी/उपभोक्ता कंपनियों पर ध्यान केंद्रित कर रहा था। इस बार टिम ने अधिक अंतर्दृष्टियाँ प्राप्त की और मात्रात्मक विश्लेषण तथा मूल्यांकन पद्धतियों में गहराई से प्रवेश किया, लक्ष्य अवसरों के निवेश गुणों की व्यापक समझ हासिल करने के लिए किए गए गुणात्मक विश्लेषण के पूरक के रूप में विस्तृत वित्तीय मॉडल का निर्माण भी किया।

टिम ने धीरे-धीरे निवेश और बाज़ारों के बारे में गहरी समझ विकसित की। पिछले पाँच वर्षों में टिम अपने पोर्टफ़ोलियो में उतार-चढ़ाव देख रहे हैं। उन्होंने प्रति वर्ष औसतन 8 प्रतिशत रिटर्न प्राप्त किए, अपने स्पेकुलेटिव 'युवा दिनों' में हुए घाटे की भरपाई की और उसके ऊपर एक अच्छी रक़म भी बनाई। 2021 में कोलंबिया से स्नातक होने पर टिम ने रणनीतिक और परिचालन स्तरों पर व्यापार जगत के नेताओं की निर्णय लेने की प्रक्रियाओं पर अंतर्दृष्टि प्राप्त करने के लिए एक प्रबंधन सलाहकार के रूप में काम किया, जिससे निस्संदेह टिम को भावी निवेश के अवसरों की ख़ूबियों और जोख़िमों का बेहतर आकलन करने में मदद मिली।

वे आज जो जानते हैं, उसके आधार पर टिम 10सी को निम्नलिखित तरीक़ों से लागू करेंगे :

1. ***कमांडमेंट 1 : स्वयं को जानें :*** इक्विटी और रियल एस्टेट में निवेशित रहें। टिम अपनी मेहनत की कमाई पर 0 प्रतिशत की वृद्धि नहीं चाहते हैं।
2. ***कमांडमेंट 2 : अपने क्षेत्र के मालिक बनें :*** मुख्य रूप से अमेरिका और चीन में प्रौद्योगिकी व उपभोक्ता खुदरा निवेश पर क़ायम रहें
3. ***कमांडमेंट 3 : मार्केट साइकल का सम्मान करें :*** अल्पकालिक स्पेकुलेशन से बचें और इसके बजाय दीर्घकालिक आर्थिक व

बाज़ार चक्रों पर ध्यान केंद्रित करें; कम से कम एक साल की अवधि के लिए निवेश करें।

4. ***कमांडमेंट 4 :* मुर्दा मछली नहीं बनें :** एक स्वतंत्र मानसिकता रखें। केवल कुछ 'बातचीत करने वाले लोगों' या सीकिंग अल्फ़ा लेख की अनुशंसा के कारण किसी चीज़ में निवेश नहीं करें। लालच और भय से उत्पन्न होने वाली अतिरेक की स्थितियों से सामने आने वाले अनुकूल जोख़िम/पुरस्कार के अवसरों की तलाश करें।
5. ***कमांडमेंट 5 :* धर्म की तलाश करें :** पूरी तरह से होमवर्क करने के बाद ही संभावित निवेश में पैसा लगाएँ। कंपनियों की वित्तीय स्थिति के बारे में अधिक सटीक जानकारी प्राप्त करने के लिए वित्तीय लेखांकन की बेहतर समझ हासिल करें और संभावित रूप से धोखाधड़ी वाली कंपनियों में निवेश करने से बचें।
6. ***कमांडमेंट 6 :* धैर्य रखें, साहसी बनें : कमांडमेंट 5 :** धर्म की उचित खोज को उचित रूप से करेंगे, तो इसमें कोई समस्या नहीं होगी
7. ***कमांडमेंट 7 :* विजेताओं को मैराथन दौड़ाएँ :** जल्दी और लगातार पैसा लगाते रहें। दीर्घकालीन संपत्ति बनाने के लिए समय का उपयोग करना किसी भी अन्य चीज़ की तुलना में सौ गुना अधिक प्रभावी है।
8. ***कमांडमेंट 8 :* डाइवर्सिफ़िकेशन करें ... लेकिन ज़्यादा नहीं :** पोर्टफ़ोलियो का आधा हिस्सा निष्क्रिय इंडेक्स फ़ंड में, बाक़ी आधे के लिए 8–10 निवेश।
9. ***कमांडमेंट 9 :* पैसे नहीं गँवाएँ :** शून्य लीवरेज। एक गेम प्लान बनाएँ और कभी भी अपने पोर्टफ़ोलियो का 10 प्रतिशत से अधिक किसी एक निवेश में नहीं लगाएँ।
10. ***कमांडमेंट 10 :* मन पर ध्यान दें :** विनम्र, भावहीन और दूरदर्शी बनें। पिछली जीत या हार से प्रभावित नहीं हों।

इया–छात्रा

इया 17 वर्षीय छात्रा है, जो टोरंटो, कैनेडा में रहती है। वह न्यू हैम्पशायर के बोर्डिंग हाई स्कूल में सीनियर है और बीस की उम्र तक वित्तीय स्वतंत्रता हासिल करने के इरादे से अपने ख़ाली समय में 10 कमांडमेंट्स के बारे में सीखती है। वह वित्तीय बाधाओं या अपने माता-पिता पर निर्भरता के बिना सामाजिक उद्यमिता और यात्रा सहित अपने जुनून को आगे बढ़ाने में सक्षम होना चाहती है।

आत्म मूल्यांकन

1. उद्देश्य :

ए. ***बहुमत*** : ख़रीदो और रोककर रखो की रणनीति पर चलते हुए शेयर बाज़ार में निवेश करने के लिए 70 प्रतिशत पूँजी आवंटित करें।

बी. ***गौण :*** सीखना जारी रखें और 2021 के अंत तक कम से कम दो निष्क्रिय आय उत्पादक संपत्तियों को अंतिम रूप देने में मदद करें।

सी. ***टारगेट रिटर्न :*** 12 प्रतिशत या अधिक वार्षिक पोर्टफ़ोलियो वृद्धि का लक्ष्य।

2. रुचियाँ :

ए. ***शेयर बाज़ार :*** शेयरों में गोता लगाकर बाज़ार की मूल बातें सीखें।

पहला. आंतरिक मूल्य की गणना करें और विश्वास के साथ तथा बाहरी प्रभाव के बिना निवेश चुनें।

दूसरा. लगातार शोध करने और अपडेट रहने के लिए चार से सात स्टॉक चुनें।

सी. ***रियल एस्टेट :*** अमेरिका और विदेशों में निष्क्रिय आय उत्पादक बहुपरिवार रियल एस्टेट निवेश।

पहला. अंडरराइटिंग और वित्तीय विश्लेषण का अभ्यास जारी रखें

दूसरा. दुनिया भर के बाज़ारों का विश्लेषण करें।

तीसरा. किसी सौदे को अंतिम रूप देने की क़ानूनी प्रक्रियाओं से परिचित हों।

3. शैली :

ए. ***निष्क्रिय :*** शेयर बाज़ार में अधिकांश पूँजी जल्दी और साहसपूर्वक निवेश करें।

बी. ***सक्रिय :*** संपत्तियों को अंतिम रूप देने में मदद के लिए निष्क्रिय आय और अमेरिकी ऋण संरचना का उपयोग करें। कॉलेज के दौरान अंशकालिक नई संपत्तियों में सह-निवेश में 100 प्रतिशत रिटर्न वापस लगाएँ।

4. कौशल :

ए. ***विवरण-उन्मुख :*** मजबूत विश्लेषणात्मक लेखन कौशल के साथ मेहनती पूर्णतावादी।

बी. ***प्रेरित :*** निवेश और वित्तीय स्वतंत्रता के जुनून से उपजी उच्च शक्ति वाली कार्य नीति।

सी. ***बहुसांस्कृतिक :*** सभी प्रकार के लोगों, संस्कृतियों के प्रति खुले विचारों वाला और निरंतर सीखने की लालसा।

5. टाइमिंग :

ए. ***दीर्घकालिक, फ़ंडामेंटल :*** विशेष रूप से एक व्यस्त छात्रा के रूप में समय को काम करने देना, रोककर रखना और चक्रवृद्धि होने देना।

6. जोख़िम :

ए. प्रौद्योगिकी निवेशों के लिए मध्य-उच्च जोख़िम।

7. संपत्तियाँ :

ए. ***रियल एस्टेट :*** निष्क्रिय-आय प्रदान करने वाले बहुपरिवार आवासों को अंतिम रूप देने और सह-स्वामित्व में मदद करें।

बी. ***स्टॉक :*** आज की स्थिति में अधिकांश प्रौद्योगिकी कंपनियाँ।

8. स्थान :

ए. ***चीन/एशिया*** – शंघाई और ताइपेई में पली-बढ़ी, चीनी भाषा और कोरियाई के साथ-साथ संबंधित संस्कृतियों में पारंगत।

बी. ***उत्तरी अमेरिका*** – वर्तमान में टोरंटो में रह रही हैं; अक्सर न्यू हैम्पशायर, मैरीलैंड और न्यू यॉर्क में रहती हैं।

10 कमांडमेंट्स लागू करना

मैंने प्रौद्योगिकी की लत का पहला स्वाद चार साल की उम्र में चखा, जब मेरे माता-पिता ने क्रिसमस के लिए मेरी बहनों और मुझे आईपॉड टच उपहार में दिया। मैं जल्द ही एपल की सभी चीज़ों की विशेषज्ञ बन गई, आईट्यून्स स्टोर से टेलर स्विफ़्ट के गाने डाउनलोड करना सीखा और डूडलजंप की कला में महारत हासिल की। यदि मैंने उस वर्ष एपल में 40 डॉलर (मेरे चीनी नव वर्ष के लाल लिफ़ाफ़े के पैसे का एक हिस्सा) का निवेश किया होता, तो मेरे लगाए गए 40 डॉलर का मूल्य 767 डॉलर होता, यानी लगभग 2,000 प्रतिशत रिटर्न। बेशक, किसी को भी यह उम्मीद नहीं रहती कि

चार साल की बच्ची अपने नए साल का पैसा ऐप स्टोर गेम या नुक्कड़ की दुकान से पॉप्सिकल्स के बजाय एपल स्टॉक पर ख़र्च करेगी।

महत्त्वपूर्ण बात यह है कि चाहे वह एसऐंडपी 500 इंडेक्स फ़ंड, बचत ख़ाता, या रियल एस्टेट बाज़ार में हो, पैसा नहीं, बल्कि समय मुख्य चीज़ है। अमेरिकी निवेशक और रिच डैड पुअर डैड के लेखक रॉबर्ट कियोसाकी ने बताया है कि 'एक अमीर व्यक्ति और ग़रीब व्यक्ति के बीच एकमात्र अंतर यह है कि वे अपने समय का उपयोग कैसे करते हैं'।

निवेश के महत्त्व को जल्दी समझने के बाद मैंने अपने माता-पिता पर भरोसा किए बिना निवेश पूँजी प्राप्त करने और आय उत्पन्न करने के तरीक़ों की तलाश शुरू कर दी।

अप्रैल 2020 में मैंने शेयर बाज़ार में निवेश के बारे में गंभीरता से सोचना शुरू किया। जैसे-जैसे कोविड-19 का भय बढ़ता गया और बाज़ार में तेज़ी से बिकवाली हुई, मुझे पता था कि मैं 'जब दूसरे भयभीत हों तो लालची होना' चाहती थी (कमांडमेंट 4)।

जैसे-जैसे मैं दिन-ब-दिन बाज़ार में गिरावट देख रही थी, मैं विशेषज्ञों (बफ़ेट, जो मानते थे कि क्रैश नहीं आया था) और स्व-घोषित विशेषज्ञों (यूट्यूब और टिकटॉक पर युवा निवेशक बड़े पैमाने पर थे, जो बाएँ-दाएँ सलाह दे रहे थे) को सुनने के लिए ललचा रही थी। कोई भी बॉटम की भविष्यवाणी नहीं कर सकता, यह महसूस करने के बाद मैंने अपनी रणनीति (कमांडमेंट 1) पर निर्णय लेना शुरू कर दिया।

मैंने एक दीर्घकालिक निवेशक बनने का फ़ैसला किया और मेरा मानना था कि मेरी निगरानी सूची के स्टॉक, विशेष रूप से लचीले प्रौद्योगिकी स्टॉक्स अंडरवैल्यूड थे या कम से कम अपना मूल्य (कमांडमेंट 5) बनाए रख सकते थे। मैंने नौकरी से बचाई गई नक़दी का उपयोग माइक्रोसॉफ़्ट, टेनसेंट और टेस्ला (कमांडमेंट 8) के शेयर ख़रीदने के लिए किया। इन सभी कंपनियों पर मैंने बड़े पैमाने पर शोध किया था और नियमित रूप से इनकी जानकारी रखती थी (कमांडमेंट 5)।

हालाँकि अगले हफ़्तों में बाज़ार में उतार-चढ़ाव आया, लेकिन मैंने बेचने की इच्छा (कमांडमेंट 10) के ख़िलाफ़ जंग लड़ी और खुद को अपनी दीर्घकालिक रणनीति तथा कंपनियों में दृढ़ विश्वास (कमांडमेंट

7) की याद दिलाई। महीनों बाद मैंने उन्हीं कंपनियों में अतिरिक्त छोटी ख़रीदारी की और लाभांश का पुनर्निवेश किया, लेकिन बड़े पैमाने पर अपना पोर्टफ़ोलियो वही रखा और अपने शेयरों में विश्वास बनाए रखा। बदले में, मेरे पोर्टफ़ोलियो ने अब तक 38 प्रतिशत रिटर्न दिया है। हालाँकि यह असामान्य रिटर्न वाला असामान्य वर्ष है, लेकिन मैं आने वाले वर्षों में इस रणनीति का उपयोग करना जारी रखूँगी।

अपने स्टॉक पोर्टफ़ोलियो से निष्क्रिय आय को बढ़ाने के लिए मैं अधिक सक्रिय, कम जोखिम वाले उच्च भुगतान वाले मल्टीफ़ैमिली रियल एस्टेट क्षेत्र पर ध्यान केंद्रित करना चाहती हूँ। मैं बीआरआरआर (ख़रीदें, पुनर्वास करें, किराये पर दें, रिफ़ाइनैंस करें) रणनीति का अध्ययन कर रही हूँ, एक अच्छी संभावित ख़रीद की पहचान करने और बाज़ार विश्लेषण, पुनर्वास प्रक्रिया, अमेरिकी ऋण संरचना तथा संपत्ति की बिक्री सहित एक पूर्ण वित्तीय मॉडल के माध्यम से चलने में सहज हो रही हूँ।

नमूना सौदों को देखकर मैं वित्तीय मॉडल को समझने की कोशिश करती हूँ, ताकि मैं अच्छे और बुरे सौदे के बीच अंतर कर सकूँ। मुझे उम्मीद है कि मैं अधिक से अधिक जगह की मालकिन बनूँगी, क्योंकि मैं रियल एस्टेट क्षेत्र के बारे में और अधिक सीखूँगी तथा शोध करने और सौदों को अंतिम रूप देने में मदद करूँगी; मैं अंततः एक संपत्ति में सह-निवेश करना चाहती हूँ।

लक्ष्य

निष्क्रिय और सक्रिय आय के अपने स्रोतों के माध्यम से मेरा अंतिम लक्ष्य वित्तीय रूप से साक्षर बनना और वित्तीय स्वतंत्रता प्राप्त करना है। मैं प्रतिबंधात्मक समय और वित्तीय बोझ से मुक्त होना चाहती हूँ।

पोर्टफ़ोलियो रणनीति

1. सारी पूँजी शेयर बाज़ार में निवेश करें। इसे कम ब्याज वाले बचत ख़ाते में फ़ुरसत से नहीं बैठने दें।
2. दीर्घकालिक और फ़ंडामेंटल रूप से निवेश करें; उतार-चढ़ाव के दौरान विजेताओं को रोककर रखें। मुख्य रूप से मंदी से बचाव

के लिए प्रौद्योगिकी और कम जोखिम वाले डाइवर्सिफ़िकेशन के लिए इंडेक्स फ़ंड पर ध्यान केंद्रित करें।

3. विशेषज्ञों या परिवार के सदस्यों से प्रभावित होकर निर्णय लेने के बजाय स्टॉक में निवेश करने से पहले आंतरिक मूल्य निर्धारित करना, वित्तीय विश्लेषण करना और लगातार शोध करना सीखें। चार से सात निवेशों तक सीमित रहें, जिन्हें मैं एक पूर्णकालिक विद्यार्थी के रूप में जारी रखने के लिए प्रतिबद्ध हो सकती हूँ।

डीआईवाय स्व–मूल्यांकन

श्रेणी	आत्म–चिंतन
उद्देश्य	• •
रुचियाँ	• •
शैलियाँ	• •
कौशल	• •
टाइमिंग	•

जोख़िम	•
संपत्तियाँ	•
स्थान	•

कर्म का आह्वान

'जब तक यह काग़ज़ पर नहीं है, यह धुएँ का बादल है।'

सर जॉन हारग्रव

हारग्रव ने *माइंड हैकिंग* नामक पुस्तक लिखी, जो बताती है कि हम अपने संकल्पों को लिखें और अपने मस्तिष्क को सकारात्मक और अर्थपूर्ण रूप से कंडीशन करें। वे अभिनेता और कॉमेडियन जिम कैरी की कहानी बताते हैं कि उन्होंने किस तरह इस नीति का अक्षरशः पालन किया।

जब कैरी अभिनेता के रूप में संघर्ष कर रहे थे, पूरी तरह बेरोज़गार थे, तब उन्होंने ख़ुद के नाम 10 मिलियन डॉलर का चेक लिखा और विवरण वाली पंक्ति में 'अभिनय सेवाओं के लिए' लिखा। उन्होंने इस पर दस साल बाद की तारीख़ डाली और इसे अपने पर्स में रखा, ताकि वे इस 10 मिलियन डॉलर के चेक को हर दिन देख सकें। दस साल बाद कैरी को 'डम्ब ऐंड डम्बर' फ़िल्म में लिया गया। अनुबंध राशि? 10 मिलियन डॉलर।

स्पष्ट कल्पना करें कि आप जीवन में क्या चाहते हैं – आप कौन सी चीज़ें चाहते हैं, आप क्या करना चाहते हैं, आप क्या सीखना चाहते हैं और आप किसकी मदद करना चाहते हैं – और उन्हें लिख लें, निवेश के क्षेत्र में भी और उससे परे भी। कई सफल व्यवसायी और निवेशक जिन्हें हम जानते हैं, उस बीच हाउस के लिए गूगल सर्च करते हैं, जिसमें वे रहना चाहते हैं या उस नाव के लिए, जिसे वे ख़रीदना चाहते हैं। वे इसका कलर प्रिंट लेकर अपनी दीवार, ऑफ़िस डेस्क या फ्रिज पर चिपका लेते हैं, ताकि

उन्हें यह याद रहे कि यह उनका है, भविष्य में किसी ऐसी तारीख़ में, जिसे उन्होंने स्पष्टता से तय कर लिया है। फिर वे इसे पाने के लिए कड़ी मेहनत करते हैं और ये सुंदर तसवीरें उन्हें हर दिन इसकी याद दिलाती रहती है।

इसके बाद इन लक्ष्यों पर वज़न रखें – भावनात्मक, शक्तिशाली शब्दों का इस्तेमाल करें और लिखें कि आपको उन्हें क्यों हासिल करना चाहिए। अपने लक्ष्यों के तत्वों को अपने जीवन में हर जगह भरें, अपनी मनचाही कार के फ़ोटो लगाएँ या अपनी भावी निवेश आय के लिए कैरी की तरह ख़ुद के नाम चेक काटें। इस तरह का मैनिफ़ेस्टेशन और आकर्षण का नियम पहलेपहल तो मूर्खतापूर्ण लग सकता है, लेकिन हमारा दृढ़ विश्वास है कि वे आपकी इच्छाओं के प्रति आपकी मानसिकता को बदल देते हैं और उसी दिशा में ले जाते हैं।

अंत में, सफलता के बीच में विनम्र रहने की याद रखें, चाहे आपकी सफलता कितनी ही बड़ी क्यों ना हो। अहंकार और अति आत्मविश्वास का मनोविज्ञान आपको बड़ी हार की ओर ले जाता है। अथक रूप से सीखते रहें – एक जगह जहाँ आप यह कर सकते हैं, वह हमारी कम्पेनियन वेबसाइट है, जो मुफ़्त है, क्योंकि आपने यह पुस्तक ख़रीदी है। समान मानसिकता वाले महारथी विद्यार्थियों के हमारे समुदाय में आप तमाम अनुभव और पृष्ठभूमि वाले अन्य निवेशकों के साथ लगातार सीख सकते हैं और नेटवर्किंग कर सकते हैं।

आइए कर्म करते हैं। *तुरंत!*

लेखकों के बारे में

सैन इंग : 'निवेशक उद्यमी' सैन ने आधा दर्जन कंपनियों की स्थापना की और उनका नेतृत्व किया, उद्यमी के रूप में 150 मिलियन डॉलर की उद्यम पूँजी जुटाई और पेशेवर निवेशक के रूप में 500 मिलियन डॉलर पूँजी का निवेश किया। सैन की निजी इक्विटी फ़र्म को चीन के हज़ारों फ़ंडों में शीर्ष 30 में स्थान मिला है। सैन ने एशिया और उत्तरी अमेरिका में प्रौद्योगिकी, उपभोक्ता, दूरसंचार, उपयोगिताओं, बुनियादी ढाँचे, शिक्षा, स्वास्थ्य सेवा, ब्लॉकचेन, कृषि खाद्य पदार्थ, रियल एस्टेट और अन्य परिसंपत्ति श्रेणियों में निवेश किया है। उन्हें सबसे अधिक गर्व इस बात पर है कि उनके निवेश ने हज़ारों नौकरियाँ पैदा की हैं।

सैन ने पुस्तक परियोजना की शुरुआत की, सामान्य दिशा तय की और सैकड़ों महारथियों के साथ व्यापक शोध और प्रत्यक्ष बातचीत (निवेश और साक्षात्कार) के साथ दशकों के निवेश अनुभव से सीखे गए सबक़ों को लागू किया।

टिम इंग : टिम की निवेश यात्रा हाई स्कूल में शुरू हुई, जब उन्होंने दर्जनों निवेश पुस्तकें पढ़ीं, इस पुस्तक के लिए दर्जनों महारथियों की प्रोफ़ाइल बनाने में मदद की और काग़ज़ और फिर असली पैसे के पोर्टफ़ोलियो का उपयोग करके निवेश व व्यापार शुरू किया। टिम के पास अब निवेश का आठ साल का अनुभव है और उन्हें उम्मीद है कि वे अपने औसत 8 प्रतिशत से अधिक वार्षिक रिटर्न में सुधार करते रहेंगे। इसके अलावा, टिम ने तीन गर्मियों में अमेरिका, हांगकांग और एशिया के बाक़ी हिस्सों पर केंद्रित इनवेस्टमेंट फ़ंड्स में काम किया। टिम कोलंबिया विश्वविद्यालय में कंप्यूटर विज्ञान और इतिहास का अध्ययन करने वाले वरिष्ठ छात्र हैं।

टिम पुस्तक की मुख्य आवाज़ है, जिन्होंने लेखन और निवेश दोनों (ट्रेडिंग और स्पेकुलेशन सहित) के लिए अपने जुनून को अपने स्वयं के

व्यापक निवेश अनुसंधान के वर्षों में लागू किया है ताकि *टेन कमांडमेंट्स ऑफ़ इनवेस्टिंग एक सुसंगत* पुस्तक बन सकें।

इया इंग : फ़िलिप्स एक्सेटर अकादमी में हाई स्कूल की वरिष्ठ छात्रा इया शंघाई ताइपेई, न्यू हैम्पशायर और टोरंटो में पली-बढ़ी। रॉबर्ट कियोसाकी की *रिच डैड, पुअर डैड और टिम फ़ेरिस की 4-अवर वर्क वीक* को पढ़ने के बाद उन्होंने फ़ायर (वित्तीय स्वतंत्रता, जल्दी सेवानिवृत्ति) मुहिम में प्रारंभिक रुचि ली। वेट्रेस, ट्यूटर और अन्य छुटपुट नौकरियों में लंबे समय तक काम करने के बाद इया को इस बात का अहसास होता है कि उनका समय उनकी सबसे क़ीमती वस्तु है। वे जीवन में जल्दी वित्तीय स्वतंत्रता प्राप्त करने के लिए अपनी निष्क्रिय आय धाराओं को बढ़ा रही हैं, ताकि वे बिना किसी सीमा के अपने जुनून का पीछा कर सकें। इया ने *टेन कमांडमेंट्स* के कई मुख्य अध्याय लिखे और साथ ही शोध प्रयासों का नेतृत्व किया; उन्होंने पुस्तक की संरचना व सुर को आगे बढ़ाने में भी मदद की, जिससे गुणवत्तापूर्ण सामग्री और पाठक के लिए सीखने में आसानी के बीच सही संतुलन बना।

चित्रकार के बारे में

इया की छोटी बहन क्लो इंग का विशेष उल्लेख और धन्यवाद, जिन्होंने निवेश के सभी जादूगरों के चित्र बनाए। क्लो ने प्रत्येक जादूगर के लिए लाल रंग चुना, जो कई संस्कृतियों में धन और समृद्धि का प्रतीक है। अपने कवर डिज़ाइन के लिए उन्होंने हरा रंग चुना, जो कई संस्कृतियों में धन और समृद्धि का प्रतीक है।

अनुवादक के बारे में

डॉ. सुधीर दीक्षित ने 225 से अधिक विभिन्न प्रकार की पुस्तकों का अनुवाद किया है, जिनमें *हैरी पॉटर सीरीज़, द सीक्रेट, रिच डैड पुअर डैड, 7 हैबिट्स ऑफ़ हाइली इफ़ेक्टिव पीपल, हाउ टु विन फ्रेंड्स, द पावर ऑफ़ पॉजिटिव थिंकिंग, द पावर ऑफ़ योर सबकॉन्शस माइंड* और *थिंक ऐंड ग्रो रिच* जैसी कालजयी पुस्तकें शामिल हैं।

उन्होंने मशहूर बेस्टसेलर 'टाइम मैनेजमेंट' सहित 7 मौलिक पुस्तकें लिखी हैं तथा उनकी पुस्तकों का अन्य भाषाओं में अनुवाद भी हो चुका है। डॉ. दीक्षित ने पीएससी (प्रोफ़ेसर) परीक्षा में अँग्रेज़ी साहित्य की प्रावीण्य सूची में प्रथम स्थान अर्जित किया था। वर्तमान में वे शासकीय नर्मदा महाविद्यालय, नर्मदापुरम (म.प्र.) में अँग्रेज़ी साहित्य के प्रोफ़ेसर हैं। उनसे sdixit123@gmail.com पर ईमेल द्वारा संपर्क किया जा सकता है।